J. S. ミルの教育思想

自由と平等はいかに両立するのか

髙宮正貴

世織書房

J. S. Mill's Educational Thought :
Reconciliation of Liberty and Equality
TAKAMIYA Masaki

J. S. ミルの教育思想

＊

目　　次

序　章　課題と方法 ……………………………………………… 003

　　第1節　問題の所在——教育学への政治哲学的視点の導入　003
　　第2節　研究の目的と視点　010
　　第3節　ミルの略歴　016
　　第4節　先行研究の検討　019
　　第5節　本書の構成　023

第1章　ミルの功利主義と教育思想の関係 ……………………… 027
　　　　—— 二次的原理としての教育

　　第1節　教育目的論としての功利主義　027
　　第2節　反形而上学としての功利主義　028
　　第3節　功利主義とその二次的原理　029
　　第4節　二次的諸原理　032
　　（1）　多元的社会観　032
　　（2）　道徳と正義の原理　033
　　（3）　自由原理、および説得と強制の区別　035
　　（4）　文明、教示、教育　037
　　第5節　功利主義と道徳教育　042
　　（1）　個性の開発と道徳教育の関係　042
　　（2）　道徳教育の方法　045
　　第6節　功利主義の条件としての教育　047

第2章　ミルの功利主義による自由主義の正当化 ……………… 049

　　第1節　功利主義と自由主義の矛盾　049
　　第2節　快楽の質　051
　　第3節　快楽の質と美学　055

第4節　高次の快楽と自由主義の正当化　057

第5節　自由主義の躓きの石　063

第3章　「生の技術」の三部門による教育の正当化 ……………… 067

第1節　教育の正当化と自由主義の限界　067

第2節　生の技術の三部門　070

第3節　規則──行為功利主義論争と生の技術の三部門　072

第4節　自由の正当化と教育の正当化　077

第5節　教育の三部門　080

第6節　生の目的の多元性と教育的干渉　083

第4章　ミルの美学と美的教育論 ……………………………… 087

第1節　美的教育と自由の矛盾　087

第2節　感情の陶冶と詩的教養　089

第3節　美的教養とその位置づけ　093

（1）完全性とその観照　093

（2）美学と分別の関係　094

（3）美学と道徳の関係　096

第4節　美的教育と自由主義の関係　101

第5章　ミルの自由主義の基礎 ………………………………… 105
　　　── 決定論と自由の問題

第1節　自由原理と自由の概念　105

第2節　道徳科学と自由　107

第3節　ミルの心理学的決定論　109

第4節　社会的自由の正当化　112

第5節　ミルの教育思想における功利主義と自由主義の両立　114
　　　　──第1章〜第5章のまとめ

第6章　ミルにおける教育の正義論 ……………………………… 117

第1節　教育の正義論という視点　117

第2節　正義とは何か　120

（1）道徳規範＋処罰感情＝正義　121

（2）正義の絶対性、通訳不可能性、無限性　121

（3）正義＝権利の保護　122

（4）一般的権利vs.功績原理　124

第3節　分配的正義の諸原理と教育　126

（1）不偏　127

（2）功績　130

（3）衡平　134

（4）教育における分配的正義──本節のまとめ　138

第4節　教育に対する国家関与の範囲と方法　139

（1）教育に対する国家関与の方法とその正当化　139

（2）ミルの制度案の問題点　142

第5節　教育をめぐる平等と不平等　145

終　章　ミルの教育思想と自由論・正義論 ……………………… 147
　　　　── まとめと今後の課題

第1節　各章の要約　147

第2節　ミルの教育思想と自由論・正義論──本書の知見　152

第3節　今後の課題　154

註　　　　　　157

引用文献　　　167

索引　　　　　181

あとがき　　　183

〔凡例〕

1、引用文中の強調や括弧内の補足は断りのない限り
　原文通りである。

2、引用文は必要に応じて改訳している。

J. S. ミルの教育思想

序　章

課題と方法

第 1 節　問題の所在——教育学への政治哲学的視点の導入

　なぜ教育学に政治哲学の視点や方法を導入しなければならないのか。近年
の教育学では、戦後の教育学で自明視されてきた「教育の自律性」や「教育
の固有の論理」が批判され、教育を政治哲学・政治理論や社会哲学・社会理
論とのかかわりの中で捉えようとする試みが出てきている（広田・宮寺, 2014
／小玉, 1999, 2016／宮寺, 1997, 2000, 2006, 2014）。

　こうした試みを教育哲学の領域で主に牽引してきたのは宮寺晃夫と小玉重
夫である。しかし、政治哲学・社会哲学的な視点を教育学に導入すべきだと
いう主張に至った背景や認識は、両者で異なっている。

　小玉は、1990 年代以降の福祉国家の再編という状況の中で、「政治」の復
権が課題となってきていると言う。1960 年代の福祉国家の中心的な政策課
題は所得の再分配であり、その際、再分配を担当する公的セクターは政治的
に中立であるという前提があった。しかし、小玉はナンシー・フレイザーに
依拠しつつ、1990 年代以降、公的なセクターは、経済的な再分配に限らず、
ジェンダー、セクシュアリティ、民族的マイノリティといった文化的な諸ア
イデンティティの「承認」の問題にも関与せざるをえなくなっていると言う。
そのとき、公的なセクターが政治的に中立であるという前提は崩れざるをえ
なくなる（小玉, 2016, p.65）。こうして福祉国家の再編は「教育の再政治化」
を促す契機となりうるのである。そこで、教育学も、この教育の再政治化を
前提として、政治権力からの「不当な支配」を制限することばかりを問題に

するのではなく、むしろ、権力の構成をも扱わなければならない。その意味
で、「社会科学的視点と人間学的視点を統合した新しい教育政治学というべ
きものの創出が求められている」（小玉, 2016, p.140）とされる。

　一方、宮寺は、イギリス教育哲学における分析的方法から規範的方法への
転換の過程を追うことを通じて、教育を政治哲学や社会哲学の対象とする必
要性を主張する。イギリスで一世を風靡した分析的教育哲学の代表者である
ピーターズは、概念分析によって教育に内在的な目的（教育に固有の目的）
を見出そうとした。しかし、宮寺が依拠するホワイトによれば、概念分析の
方法は、教育の概念に必然的に含まれている価値判断を自明のものとしてし
まい、論証なしで正当化してしまう。しかし、ホワイトにとっては、むしろ
その価値判断そのものを論証によって正当化していくことが目指されるべき
なのである（宮寺, 1997, p.217）。宮寺は、こうしたホワイトの立場を受け継
ぎ、教育に関する価値判断を論証によって正当化していく規範的方法を導入
する。分析的教育哲学が概念分析によって教育の固有の目的を明らかにしよ
うとしたのに対して、宮寺の規範的教育哲学は、社会の多様な要求や利害対
立の中に教育を埋め込もうとする。

　このように、福祉国家の再編による教育の再政治化と、分析的教育哲学か
ら規範的教育哲学への転換という異なる文脈を前提にはしているが、小玉と
宮寺はともに、教育学に政治哲学的・社会哲学的視点を導入してきた。しか
し、現在こうした導入が不可欠な理由はそれだけではなく、いわゆる「ポス
トモダン状況」のせいでもある[1]。「「ポストモダン」とは、「大きな物語」に
よる知の正当化が前提とできなくなった状態」（下司, 2016, p.10）である。こ
うした「大きな物語」には《精神》の弁証法、労働者としての主体の解放な
どの様々なバリエーションがある。しかし、それらを一言でまとめるならば、
進歩の物語であろう。

　小玉によれば、戦後教育学の代表者と言われる勝田守一は次のように考え
ていた。社会は進歩する。そして、子どもは進歩の担い手である。子どもを
進歩の担い手とするためには、「学習の全面性」を保障し、それを通して子
どもの「無限の可能性」を引き出さなければならない（小玉, 2016, pp.12-13）。
というのは、社会の進歩をめざすべきならば、子どもは特殊な労働の担い手

として、あるいは特殊な共同体の担い手として教育されるべきではないからである。そうした特殊な労働や特殊な共同体を超えて、人類社会の進歩をもたらすためには学習の全面性が必要である。そして、学習の全面性を保障するためには、子どもは大人の労働に直接参加することを免れ、家族や学校という空間で保護されなければならない（小玉, 2016, pp.11-12）。このように進歩主義が学習の全面性の保障を正当化する。そして、学習の全面性を保障するためには、子どもは大人の世界から切り離されなければならない。それが勝田の主張であったと小玉は言う。

　しかし、進歩の物語が自明でなくなれば、特殊な共同体の内部の規範を超えた普遍的な価値を持ち出せなくなってしまう。そうなると、教育は、特殊な共同体の諸規範が相互に抗争する場と見なされるようになる。すると、諸々の共同体同士の利害対立を調停する必要が出てくる。このように、進歩の物語が自明でなくなることが、教育に政治哲学的な視点を導入することを不可欠にするのである。

　進歩の物語への不信というポストモダン状況は、理論と実践の関係の転換をも促す。下司晶によれば、戦後教育学の二つの立場である教育史研究会や教育科学研究会の研究者は、「ともにマルクス主義を背景として、理論によって実践を主導するという啓蒙主義的立場を共有していた」（下司, 2016, p.193）。

　また、マルクス主義以外に、教師の教育権を教育学的真理によって裏付けるという論理も、理論に基づく実践の主導という考え方を後押ししてきた。宗像誠也や堀尾輝久らの戦後教育学は、子どもが教育を受ける権利と親が子どもを教育する権利を教師に委託するという論理によって、教師の教育権を正当化した。そのとき、親ではなく教師が子どもを教育すべき根拠は、真理の代理人としての教師の専門性に求められた。教師の教育権を擁護する論者は、学問の自由を教師の教育研究の自由にそのまま適用する形で、教師の教育権を正当化したのである（小国, 2012, pp.104-106）。それゆえ、教師の教育権の背後には、教師の教育行為を正当化する教育学の言説があった。つまり、教育学的真理が教師の権威を裏付けるという構造があったのである。

　しかし、教育学の理論によって教育実践を主導するという考え方が自明で

6

なくなるとき、教育学研究者は教育実践家と対等な当事者の一人となる（下司, 2016, p.205）。研究者が実践家を導くのではなく、研究者と実践家は対等な立場で対話すべきだということになる。研究者と実践家だけではない。教育学者と教師、保護者、場合によっては子どもも対等な立場で対話すべきだということになる。

　ただし、これらの当事者はそれぞれに利害をもっており、その利害はしばしば対立しうる。実際、先述した教師の教育権論が親の教育要求を矮小化してきたことは否めず（藤田, 2005, p.74）、現代では親の多様な教育要求が学校に持ち込まれている。こうした趨勢に、学校批判やオルタナティブ教育の運動、そして、教育の自由化・個性化という国の政策が相俟って、教育学的真理に基づく教師の権威に批判的なまなざしが向けられてきている。理論が実践を主導するというモデルでは、研究者と実践家の利害対立、また教師と親の利害対立は覆い隠されていた。しかし、教育学研究者も、また教育学によって権威を裏付けられた教師も当事者の一人となるとき、こうした利害対立が前景化する。教育という場における利害対立を扱う政治哲学的視点が必要になる理由が、ここにもある。

　理論による実践の主導という考え方以外にも、いわゆる戦後教育学には教育の政治性を隠蔽する論理があった。下司によれば、堀尾輝久らの戦後教育学は「国民」と「国家」、「知育」と「徳育」、「教育」と「政治・経済」という一連の二元的枠組みを用いることによって、後者の抑圧的なものから前者の本来的なものを防御しようとしてきた（下司, 2016, pp.232-246）。しかし、下司は、ミシェル・フーコーに拠りながらこうした堀尾の二分法を批判し、「教育を「統治（government）」の一形態として理解することができる」（下司, 2016, p.240）と言う。それゆえ、下司に従えば、堀尾が本来的と見なした教育にも不可避的に政治性が伴わざるをえないのである。

　以上、（1）福祉国家の再編に伴う教育の再政治化、（2）分析的教育哲学から規範的教育哲学への転換、（3）進歩の物語への不信、（4）理論による実践の主導という考えに対する懐疑、（5）教育そのものの政治性、という5つの要因を見ることによって、教育学に政治哲学・社会哲学的な視点を導入することの必然性を裏付けてきた。

　ところで、これまで、社会哲学・政治哲学的視点という言い方で政治哲学と社会哲学を並列して用いてきた。では、政治哲学と社会哲学をどう区別すべきであろうか。一般的には、政治哲学は国家や政治的権威の正統性の問題を扱い、社会哲学は社会生活全般の問題を扱うと言えそうである。また、ヘーゲルの『法の哲学』における「国家」と「市民社会」の区別を想起することもできよう。しかし、政治哲学と社会哲学をどう区別するかは、政治をどう定義し、社会をどう定義するのかという問題と関わっており、それ自体様々な学派によって異なる答えがえられるであろう。そのため、ここで恣意的な定義を与えることは避けて、以後、考察対象を政治哲学に限定することにする。このような選択をする理由は、教育学に政治哲学的・社会哲学的視点を導入している二人の代表者である小玉と宮寺の研究を見てみると、両者が依拠している哲学者が主に政治哲学者だからである。小玉が主に依拠するのはハンナ・アーレントやジョルジョ・アガンベンなどの政治哲学であり、宮寺が主に依拠するのはジョン・ロールズなどの政治哲学である。

　小玉と宮寺はともに教育学に政治哲学的な視点を導入している。しかし、一口に政治哲学と言っても、両者が依拠する政治哲学は同じものではない。小玉と宮寺がそれぞれ依拠する政治哲学は、近年用いられる政治哲学の分類におおよそ対応している。

　政治学者の田村哲樹は、政治理論を次の三つに分類している[2]。「一方の正義、平等、自由などの価値の正当化の論理を探求するタイプの政治理論──規範的政治理論あるいは応用倫理学としての政治理論──と、他方の経験的分析のためのモデルまたはアプローチという意味での政治理論」、それに加えて、「政治／政治的なるものの政治理論」である（田村, 2014, p.47）。しかし、二つ目の経験的分析のためのモデルとしての政治理論は科学的な政治理論をめざすため、政治哲学と呼ばれることは少ない。政治哲学と言う場合、最初の規範的政治理論と三つ目の「政治／政治的なるものの政治理論」をさす場合が多いと思われる。では、これら二つの違いは何か。この違いは、「政治／政治的なるものの政治理論」が応用倫理学としての政治理論を批判する理由を見るとわかりやすい。応用倫理学としての政治理論は、倫理学に基づく理想理論を政治にそのまま適用しようとする。しかし、「政治／政治

的なるものの政治理論」からすると、倫理学を政治に適用しようとすることは、紛争、敵対関係、権力関係、従属や抑圧といった政治の領域の独自性を見失うことを意味するのである（田村, 2014, p.49）。

　以上の分類とは少し異なるが、乙部延剛もまた政治哲学を二つに分類している。すなわち、分析的政治哲学と大陸的政治哲学という分類である。前者の分析的政治哲学は、ロールズの『正義論』に代表されるような、分析哲学の手法を用いて政治の規範的側面を論じる政治哲学をさす。この政治哲学が分析的と呼ばれるのは、方法への関心と問題解決志向によってである。方法への関心とは、哲学の探求を科学を範とする合理的な営みと見なすことである。方法とは、たとえばロールズが『正義論』で用いた反照的均衡をさす。問題解決志向というのは、この政治哲学は、規範的な政治的問題を解決することを目標としているからである（乙部, 2017, pp.192-200）。それに対して、大陸的政治哲学を特徴づけるのは批判への志向である。批判とは、たとえば普遍的、客観的に見える基準が、実は普遍性や客観性を欠いていることを暴くことである。こうした問題意識から、大陸的政治哲学は思想史的なアプローチや文学や詩を範とするアプローチを取ることが多い（乙部, 2017, pp.200-202）。

　分析的政治哲学と大陸的政治哲学は相互に批判しあってきた。両者は一長一短であろう。ここでは乙部（2017）の論述をもとに、分析的政治哲学の側からの大陸的政治哲学に対する批判を一点だけ紹介しておこう。分析的政治哲学は、科学に範を取る合理的探求を重視するため、結論に至る過程が公平かつ再現可能であり、誰にでも理解できる内容である。それに対して、大陸的政治哲学は過去の偉大な思想家に依拠するというスタイルを取るために、確固とした方法論を欠き、アーレントやレオ・シュトラウスといった個々の哲学者が「グル」として君臨しているように分析的政治哲学者には映る。分析的政治哲学からすれば、大陸的政治哲学は一種の「世俗宗教」に過ぎず、哲学に必要な「論証の構造」を備えていなために、公共性を欠くということになる（乙部, 2017, pp.200-206）。

　もちろん、こうした対比は極端すぎるであろうし、大陸的政治哲学は、分析的政治哲学にも同じようにグルがいるのではないかと反論するであろう。

分析的政治哲学も、ロールズ、ロバート・ノージック、ロナルド・ドゥオーキン、アマルティア・センといったグルを崇拝しているのではないか、と。ただし、ロールズでの「反証的均衡」や「原初状態」、ドゥオーキンの「仮想的保険市場」、センの「ケイパビリティ・アプローチ」などの概念は、特定の哲学者が実際に述べたことと切り離して、それ自体として扱えるものである。実際、反証的均衡やケイパビリティ・アプローチは、ロールズやセンが書いた内容を超えて方法論として一般化され、様々な領域での問題解決に応用されている。一方、大陸的政治哲学は、その思想家が本当はどう考えたかを重視する傾向がある。

　以上の田村と乙部による分類を小玉と宮寺のアプローチにあてはめるならば、大まかに言えば、小玉のアプローチは「政治／政治的なるものの政治理論」と大陸的政治哲学であり、宮寺のアプローチは規範的政治理論と分析的政治哲学である。このように二つのアプローチを比較してきたのは、いずれが優れているかを決めるためではなく、両者のアプローチの特徴を描き出したかったからである。

　さて、この二分法を前提にするとき、本書は宮寺や分析的政治哲学のアプローチに基づく。つまり、思想史的アプローチではなく分析的なアプローチを採り、批判よりも方法と問題解決を志向する。本書は、こうした分析的政治哲学のアプローチをもとに、教育に関する規範を正当化できるとすれば、どのようにして正当化しうるのか、という正当化の方法を、誰にでも検証できる形で提示することをめざす[3]。

　本書は特に、19世紀イギリスの哲学者・経済学者であるジョン・スチュアート・ミル（Mill, J.S., 1806～1873）の功利主義を、教育に関する規範を正当化する方法の一事例として扱う。本書が明らかにしたいことは、もしミルの功利主義に基づくとすれば、教育に関する規範はどのようにして正当化されるのかということである。したがって、本書の関心は、ミルの功利主義の正しさを証明することにあるのではない。そうではなく、ミルの功利主義を前提とした場合に、どのような教育思想が正当化されるのかを明らかにすることにある。

　ところで、分析的政治哲学のアプローチを採るということは、思想史的な

アプローチを採らないということである。それゆえ、本書は、ミルの教育思想はどのような時代背景のもとでなされたのか、あるいはどういった思想の影響を受けて形成されたのかといったことをほとんど問題にしない。そうではなく、ミルの教育思想を彼の倫理学である功利主義によっていかに論理的に正当化できるのかを問題にする。そのため、本書の関心は、ミルが本当に考えていたことを明らかにすることよりも、ミルの功利主義がいかに彼の教育思想を正当化しているのかを論理的に再構成することにある。

　その際、本書は、特に自由と正義という二つの視点から、ミルの倫理学と教育思想の関係を考察する。なぜ自由と正義に注目するのかについては次節で述べる。

第2節　研究の目的と視点

　本書の目的は、ミルの功利主義に基づくとき、いかなる教育の規範が正当化されるのかを明らかにすることである。では、なぜミルを扱うのか。

　戦後、ミルの教育思想に関する体系的な叙述と批評を行った塩尻公明は、ミルの教育論に注目する理由として、（1）ミルの教育に対する信頼、（2）ミルが人類の教師たる人柄をもっていたこと、（3）ミルの古典性、（4）ミルが一つの思想体系をもっていること、の四つをあげている（塩尻，1948）。この四つ目の理由は教育の正当化にとって重要である。というのは、単に時事的な教育批評や独断的な教育論であれば、教育を正当化する原理をもたないからである。

　ミルは、人間は誰でもみな幸福を望んでいるという根本命題を明示したうえで、人間の行為と生活に関するおよそあらゆる規則を導き出している。それゆえ、ミルの功利主義にとっては、教育も功利主義によって正当化されているはずである。もちろん、ミルの功利主義のみが教育の正当化論という試みにとってふさわしいわけではない。教育を正当化する方法に自覚的でありさえすれば、他の理論でもかまわない。教育を正当化する規準には幸福以外にも様々なものがありうる。ミルの場合は、教育に関する様々な規則を導き出す際に幸福という根本概念に訴えているということである。

　しかし、教育を正当化するための思想体系が必要であるということだけでは、特にミルに注目する理由にはならないであろう。ミルの死後150年近く経った今、なぜミルを取り上げなければならないのか。以下では、その理由について、教育における自由と正義という二つの観点からミルを取り上げる意義を述べてみたい。

　まず、教育の自由についてである。第一に、子どもの教育をめぐる自由と強制の境界を考える際に、ミルが一つの規準を提供してくれるということである。先述したように、下司（2016）はフーコーに基づきつつ、政治と教育の二分法を批判し、教育は統治の一形態であると述べている。だとすれば、統治をすべて排除すべきだということではなく、どんな統治を受け入れるべきであり、どんな統治を拒否すべきかを問う必要がある。同様に、強制から完全に自由な教育はありえないとすれば、教育を強制すべき範囲はどこまでであり、どこからが個人の自由であるべきかということを問う必要が生じてくる。ミルは『自由論』（1859）で、そうした自由の範囲と正当化理由について議論しており、その議論は今なお傾聴に値すると思われる[4]。

　子どもの自由と教育の強制をめぐる問題は、現代政治哲学においても重要な主題の一つとなっている。たとえば、現代政治哲学の一つの潮流であるリバタリアニズムは、最小国家論と言われるように、防犯や国防といった最低限の機能以外、個人の自由に対する国家の干渉を批判するが、子どもの教育はリバタリアニズムにとっても難問である。というのは、リバタリアニズムは政府の干渉を批判するとしても、その結果、親による子どもの教育権が無制限に認められるのかどうかが問われるからである。リバタリアニズムは個人の人格の自由を基本原理とするので、子どもの教育の場合には、子どもと親が別個の人格である以上、子どもと親の意志の対立を無視できない。それゆえ、一般にリバタリアニズムは国家の介入に対して親の教育権を擁護すると言われる一方で、子どもの人格の自由を考慮すれば、子どもに対する親の無制限の支配権は正当化されないという立場もありうる（森村, 2001, p.149）。

　また、個人の自由を説くリバタリアニズムですら、子どもの未成熟という事実を考慮すれば、将来十分な能力をもつための教育的干渉を正当化せざるをえないという考え方もありうる。この点では、リバタリアニズムは、国家

の干渉に対して親による子どもの支配を無条件で擁護するのではなく、子どもが社会で生きていくための能力の習得と両立しない親の支配は制限されざるをえないと考えるのである（森村, 2001, pp.149-150）。

　ここでリバタリアニズムについて述べたのは理由のないことではない。ミルの『自由論』は、個人の自由を擁護した書として、リバタリアニズムの古典の一つと見なされている。その中でミルは、他人に危害を及ぼさない限り、個人は自由であるべきだという危害原理（自由原理）を提出している。しかし、ミルはこの危害原理の適用対象から、子ども、野蛮人、また精神に疾患のある人を除外している。このように、個人の自由に対する干渉を批判しつつも子どもの教育の問題ではそれを徹底できないことは、リバタリアニズムの一つの源流と見なされるミルにおいても同様であったのである。

　では、なぜミルは、他人に危害を及ぼさないときにも子どもの自由を制限すべきだと主張するのか。それを明らかにするために、本書では、子どもの自由を制限する理由として、ミルの功利主義からどのようにして教育的干渉の正当性が導かれるのかを明らかにする。また、ミルの功利主義の立場からは、子どもに強制されるべき教育内容と強制されるべきでない教育内容とをどのように区別しうるのかについて論ずる。

　ミルの自由論に注目する第二の理由は、子どもの教育に対する親と国家の権利をどのように線引きするかという問題にミルが規準を提供していることである。教育の自由論で問われるのは、子どもの自由をどこまで制限するかという問題だけではない。近年教育の自由化が叫ばれる中で、子どもの教育をめぐって親の選択の自由はどこまで許されるべきかという問題が生じてきている。これは、親の教育の自由と教師の教育の自由の対立という問題である一方で、教育に対する国家介入の正当性と親の自由との対立という問題でもある。それでは、子ども、親、教師、国家といった様々な立場にとっての自由は、相互にどのような関係にあると考えるべきであろうか。

　たとえば、戦後の公教育論に支配的な枠組みを提供してきた堀尾輝久の「親義務の共同化＝私事の組織化」論は、親の自然権としての教育権を学校の教師に委託することで、親と教師の「教育の自由」を正当化し、教育の自律性を基礎づけてきた（堀尾, 1971）。この論理は、教育に対する国家介入に

対して教師の教育の自由を保護する役割を担ってきた。しかし、同時に、親の教育権を教師に委託するという論理は、その反面、親の教育要求を軽視する役割を果たしてきた。というのは、そこでは、親の教育権は名目化しており、教師の教育権を正当化するための論理的な媒介としてのみ位置づけられているからである。

　1990年代以降、新自由主義が公教育への市場原理の導入を主張し、親の学校を選択する自由が主張されることによって、親の多様な教育要求が是認されることになり、親の教育要求と教師の教育権の対立が表面化してきている。そうなると、教師と親の教育の自由を国家統制から守るという論理とは別に、教師の教育の自由と親の教育の自由に関してそれぞれの適切な範囲はどこまでなのかを新たに問わざるをえなくなる。こうした状況では、親による子どもの支配を制限する形で国家による教育機会の保障を訴えたミルの論理は、再検討に値すると思われる。

　次に、本書のもう一つの視点である教育の正義について述べたい。教育の正当化論の対象として正義に注目するのは、教育改革について論議されるとき、単に教育方法や教育評価の改善といった、なんらかの教育目的のための手段だけが問われているわけではなく、誰が誰に対してどういった教育内容を提供すべきかという、分配的正義が問われているからである。しかも、そのとき、その正義を正当化する理由が問われるのである。たとえば近年、わが国では多くの自治体で学校選択制が導入されているが、この制度は機会の平等の理念と抵触するのではないかと主張されている。

　また、この教育の正義という視角については、教育格差の問題が教育の正義とは何であるべきかを問うことを必然的にしている。教育基本法第4条では教育の機会均等が謳われているが、わが国では教育費の私費負担が多いという現状がある（末冨, 2010）。子どもの貧困率がOECD30か国の中で12番目に高いというデータからわかる通り、教育費の大部分を家計が負担している現状では、経済格差がそのまま教育機会の不平等につながっていると言える。

　そのとき、そもそもなぜ教育機会は平等であるべきなのかを考察することが教育の正義論の課題となる。ある種の正義論は、すべての子どもが一律の

教育を受けることによって、大人になった時にすべての人が同じスタートライ
ンに立つこと、つまり同じ成功の見込みをもつことを可能にすることが機
会の平等の理念であると見なす。それゆえ、早い時期からの異なった教育は、
こうした機会の平等の理念に反すると考えられるのである。そこで、たとえ
ば機会の平等を正当化する理由を問うことが教育の正義論には求められる。

　それにしても、この問題を考えるにあたって、なぜミルの正義論に言及し
なければならないのか。機会の平等を含む分配的正義を考えるためには、ロ
ールズ、セン、ヌスバウム、マイケル・ウォルツァー、エイミー・ガットマ
ンらの現代政治哲学の諸理論がそれぞれに説得力ある原理を提供しており、
日本でもこれらの理論に基づいた教育の正義論の研究がなされてきている[5]。
それゆえ、わざわざ19世紀のミルにまで遡る必要はないかもしれない。

　本書は、ミルの正義論がロールズなどのそれよりも妥当であると主張する
ことを必ずしも目的としているわけではない。むしろ、本書の関心はミルの
教育の正義論を発掘するという控えめなものである。それによって、ミルの
教育の正義論はロールズらのそれよりも妥当であるとは言えないにしても、
少なくとも現代の諸々の正義論とともに参照されるべきだということを示し
たい。

　実際、先に述べた教育の自由という観点に比べると、教育の正義、特に分
配的正義という観点からミルの教育思想を論じた研究はほとんど存在しな
い[6]。その理由としては、第6章でも言及するが、功利主義の最大幸福原理
は、少数者の犠牲を正当化する理論的可能性をもつ点で、分配的正義の問題
を適切に扱えないと考えられてきたことが大きいであろう。しかし、ミルは、
『経済学原理』(1848)で、機会の平等という分配的正義の観点から教育の分
配について論じており、この機会の平等の原理は『自由論』における教育に
対する国家干渉の主張につながっている。ミルは、国家が直接学校を運営す
ることには批判的であるが、公的試験に合格することを強制するという形で、
国家が間接的に子どもの教育を保障すべきだと主張している。そして、機会
の平等の観点から、教育費を払えない貧しい家庭の子どもには政府が援助す
べきだと主張するのである。

　もちろん、機会の平等を社会改革の理念として自覚し始めたミルの時代と、

機会の平等という理念はありながらもそれが達成できていない現代では、状況がまったく異なるであろう。しかし、機会の平等と教育の関係を原理的に考察することは今なお重要な課題であろう。また、そもそも機会の平等がどのように正当化されるのかを問う理論的な意義は今日も失われていないであろう。そこで、本書の第二の目的は、ミルの功利主義がどのように機会の平等を含む分配的正義を正当化しているのかを明らかにするとともに、ミルの分配的正義論が彼の教育思想をどのように正当化しているのかを明らかにすることである。

　ミルは、既に述べたように個人の自由を説くリバタリアニズムの源流と見なされる一方で、『経済学原理』では政府による財の再分配を主張した点で、福祉国家思想の先駆になった（森村, 2001, p.16）。この意味でミルは、個人の自由とともに社会的公正の実現をめざす現代アメリカの「リベラル」に近い立場であると言える。しかし、個人の自由の擁護と社会的公正の実現がどのように調和するのか、また、両方をめざすミルの立場をはたして整合的に解釈しうるのかということは一つの難問である。ミルのどちらの側面を重視するかによって、ミルの解釈は非常に多様に存在するのであり、実際、ミルを擁護する者も批判する者も、自分の主張に都合よくミルを解釈してきた。たとえば、『自由論』における個人の自由の擁護ゆえに、共同体の伝統や文化を重んずるコミュニタリアンからは過剰な個人主義のために社会の紐帯を破壊したと批判される一方で、財の再分配という分配的正義の主張ゆえに、市場原理主義者からは社会主義者であると批判されてきたのである[7]。

　そこで、第6章では、ミルの分配的正義論を彼の功利主義との関係で読み解きながら、それがミルにおける教育の正義論にどのように応用されているかを明らかにする。加えて、教育における分配的正義の実現という問題が、もう一方の教育の自由という問題とどのように関係するのかをも明らかにする。具体的に言えば、分配的正義という観点からして、国家が絶対に保障すべき教育の範囲はどこまでであり、その範囲の画定によって、親の教育の自由や子どもの自由はどこまで許容されるのかを明らかにしていく。それは、自由と平等はいかに両立しうるのかという古典的な問題に一定の解答を与えることでもある。

　冷戦崩壊以後、自由主義の社会主義に対するほぼ全面的な勝利が決定づけられる中で、自由主義の一つの源泉であるミルに遡ることには意義があると思われる。自由主義が自明なものになる中で、平等は、どのような点で、またどの程度まで達成されるべきなのか。自由と平等の調和をめざしたミルの思想は、こうした冷戦後の状況下で再びリアリティをもってきていると思われる。

第3節　ミルの略歴

　ここでミルの略歴を簡単にまとめておきたい。ミルに関する伝記はいくつか存在するが、ここでは先行研究を参照しながら、ミルの一生と業績を概観しておこう（菊川, 1966／Thomas, 1985）。

　ジョン・スチュアート・ミルは1806年に生まれた。彼の父ジェイムズ・ミル（1773～1836）はスコットランドの下層民の生まれで、当初エディンバラ大学で神学を学んだこともある。しかし、ついに神学になじめなかった彼は、聖職に就く計画を捨て、妻と一緒にロンドンに移住した。ロンドンでジェイムズは、ジョン・スチュアートをはじめ9人の子どもができたために生活苦にあえぐことになる。

　父ジェイムズは、『英領インド史』（1818）を刊行することによって、東インド会社本部の審査部長補佐役に任じられた。これによって彼の経済的困窮は解消された。そして、1823年に審査部長補佐役の欠員が出たとき、ジェイムズは息子にその地位を与えてやった。こうしてジョンは、インド大反乱によって1858年に東インド会社が解散するまでの間、インド統治の仕事に携わりながら執筆に励むことになる。

　さて、時は遡る。ミルと言えば、父ジェイムズから受けた英才教育が有名である。1808年、ミルが2歳のとき、ジェイムズは、学者として既に名高いジェレミー・ベンサム（1748～1832）と知り合い、交友を深めた。ベンサムはジェイムズよりも25歳年上であり、ジェイムズはベンサムの秘書的役割を務めることになるのであるが、以後、二人は相携えて功利主義の普及に努めた。こうしてジョンは、ベンサムと父ジェイムズの後継者として、功利

主義の伝道者の役割を担うべく教育を受けたのである。

　ジェイムズは息子に自ら教育を施したが、彼はジョンに子どもらしい生活を許さなかった。児童書や玩具はほとんど与えられず、室内遊戯などまったく行われなかった。ジョンには同年代の友人もいなかった。ジョンが『自伝』で自らの少年時代を振り返るとき、思い出したことと言えば、父から手渡される難しい書物や人を萎縮させる難問ばかりの世界であった。ジョンは、3歳でギリシア語を、8歳でラテン語を習い始めたらしい。10歳にならないうちに、彼はプラトンの6篇の対話篇を読了した。その他、ジョンが父から受けた教育の内容と方法については『自伝』に詳細に記されている。

　ミルが、ベンサムと父ジェイムズ・ミルの功利主義の単なる伝道者としての役割を脱し、独自の思想を形成するきかっけとなった出来事が、1826年にミルが経験した、いわゆる「精神の危機」である。この危機は、ミルの思想にどのような変化をもたらしたのか。ミルにとっての一つの発見は、彼が受けた分析重視の教育は、感情を犠牲にして批判力を養成するきわめて一面的なものであったということである。このことについては、第4章でミルの美的教育の重視との関連で論ずるので、ここではこれ以上ふれない。

　精神の危機に伴うミルの思想の第二の変化は、人間は根本的に利己的であるというベンサムの心理学とそこから導かれる倫理学がまったく不十分であるということに気づいたことである。人間には他者と一体化したいという願望がある。そうでなければ、人々が社会全体の幸福を望むことはありえず、それゆえに人々に対して功利主義を正当化することも不可能になる。ミルはそう考えるようになった。この点については第1章で論ずる。

　第三の変化は、相対立する考え方であっても、それぞれに何かしらの真理が含まれているという洞察である。ミルはこれを「実践的折衷主義」と呼んでいる。この洞察によってミルは、ベンサムや父ジェイムズの功利主義を既にできあがった学説として人々に押し付けようとするのではなく、対立する、あるいは異質な思想からも学ぼうとするようになった。ミルは、功利主義の考え方を初期の工場制度の特徴であった機械信仰と結びつけて批判したロマン派のトマス・カーライル（1795〜1881）に心を惹かれた。ミルは、フランスの社会学者サン＝シモン（1780〜1825）の信奉者たちとも交友を結んだ。

この交友がきっかけで、サン＝シモン派の最も著名な人物であったオーギュスト・コント（1798〜1857）の業績にも関心をもつようになった。そして、ハリエット・テイラー（1807〜1858）への関心があった。ハリエットは既婚の才女で、ミルは彼女に恋し、ハリエットの夫の死後、最終的に結婚した。ミルに対するハリエットの影響が実際にどの程度のものであったかについては議論があるが、ミル自身は、彼女は他の誰よりも自分の思想に影響したと記した。

　精神の危機がミルのそれ以前とそれ以後の決定的な断絶をもたらしたのかどうかについては見解が分かれており、安易に答えを出すことはできない。たしかに、1830年代のミルは、ベンサムや父から継承した思想を最も厳しく批判した。しかし、後のミルは自身の学説をたしかに功利主義と呼んでいる。それゆえ、ミルの仕事は、先に述べた三つの点で、功利主義の学説を拡張することにあったと言える。

　ところで、本書の趣旨は、ミルの思想の変化を時代ごとに跡づけることにあるのではない。ミルの倫理学と政治哲学を研究したフレッド・バーガーは、哲学研究の三つのアプローチについて述べている（Berger, 1984, pp.1-2）。一つ目は「観念の歴史」のアプローチであり、哲学者の著作の歴史的な側面に注目し、その人の著作の中の諸々の観念の発展に注目する。二つ目は、「哲学の歴史」のアプローチであり、哲学者の理論に集中する。これは、哲学者が用いる諸々の概念を詳述し、それらの諸概念の内的なつながりや提案されている原理や主張を詳細に説明する。三つ目は「哲学的再構成」のアプローチである。このアプローチでは、哲学者の著作はある種の理論の「地図（mapping）」と見なされ、理論の完全な詳細と発展は注釈者の仕事であると見なされる。

　この三つの区別で言えば、本書のアプローチは二つ目と三つ目に近い。つまり、観念が実際にどう変化したかということや、ミルが本当はどう考えたかということよりも、ミルが主張している諸々の原理や主張の内的なつながりを説明するとともに、ミルの学説を現代的な視野から再構成し、一つの体系として構築することをめざす。それゆえ、ミルの思想が時代ごとにどう変化したかということにはあえてふれないつもりである。

　ここで、ミルの特に重要な著作に限って、年代順にその概要を述べておこう。最初に、『論理学体系』(1843) は、帰納的な実証的社会科学の方法論の確立をめざした著作である。第二に、古典派経済学の集大成と言われる『経済学原理』(1848) において、ミルは、生産の自然的秩序に対して分配の人為性を強調し、それによって分配に対する政府の介入を一定程度正当化した。第三に、『自由論』(1859) にはミルの「実践的折衷主義」がはっきりと表れており、言論の自由は、討論の中で相対立する見解のそれぞれから真理を取り出すために必要だとされた。第四に、既に述べたように、ミルは功利主義を拡張しようとしたのであり、ミルは『功利主義論』(1861) で、一般の人々に広く受け入れられる形で功利主義の学説を提示しようとした。第五に、『代議制統治論』(1861) では、知識人の優れた知性と一般の人々の選挙権を、代議制民主主義の政体の中でどう調和させるかを論じた。最後に、『女性の解放』(1869) でミルは、才能のある女性が家庭の中に閉じ込められることによってその才能を発揮できない当時の社会状況を告発した。この著作はフェミニズムの古典の一つと見なされている。

　ミルは、1865年から1868年まで下院議員に選出されており、イギリス下院における初の婦人参政権論者となった。また、大学教育を受けたことのないミルであったが、1865年にセント・アンドルーズ大学の名誉学長に選出されている。1873年、ミルはフランスのアヴィニヨン滞在中に、丹毒によって亡くなった。アヴィニヨンにある墓で、ミルはハリエットの傍らで眠っている。ミルは息を引き取る少し前に、「私は自分の仕事をしたね (I have done my work.)」と呟いたという。

第4節　先行研究の検討

　ミルの教育思想の先行研究としては、各論を扱ったものは多くある。第一に、ミルの教育方法論の土台をなす連合心理学の問題や、人間の性格改善の可能性や決定論の問題について論じたものがあげられる (Gouinlock, 1986／大久保, 1992／奥井, 2005)。第二に、ミルの道徳教育論を扱った研究がある (小渕, 1991／奥井, 2004, 2006, 2007)。第三に、ミルにおける民主主義と教育

の関係について論じた研究がある（Baum, 2003／ Donner, 2007）。その他、感
情教育論（田口, 1972）、政治教育論（Parry, 1999）、宗教論と教育思想の関係
（奥井, 2011）、父ジェイムズ・ミルによる教育（寺崎, 1998）、大学教育論（竹
熊, 1996）、植民地教育論（高島, 1988）を扱った研究がある。また、ミルの思
想における教育の役割を論じたものに加納正雄（2001）の研究があるが、本
書で問題にする教育思想と功利主義との関係についてはふれられていない。
これらは、ミルの教育思想を理解するうえでいずれも重要な研究であるが、
ミルの功利主義と教育思想の関係を明らかにしようという本書の趣旨とは異
なっている。

　次にこれら教育の各論を扱った諸研究以外に、ミルの功利主義と教育思想
の関係を論じたものに奥井現理（2003）、フィリップ・キッチャー（Kitcher,
2011）、鈴木真（1998）の研究がある。奥井は、善を定義できないものと見な
すG.E.ムーア（1873〜1958）が、ミルの功利主義が「善＝快楽」と見なすこ
とを「自然主義的誤謬」として批判したのに対して、「教育の実践的な必要
から、『善い』の意味を考察しないままに取り残しておくことはできない」
（奥井, 2003, p.92）と論じている。キッチャーは、ミルの功利主義を「柔軟な
帰結主義」と見なすことによって、幸福に関するミルの議論が、快楽の激し
さや持続性によって幸福を測ろうとするベンサムの還元主義的な功利主義か
ら距離を取っていたことを明らかにしつつ、ミルの著作を最も一般的な意味
での教育の理論に関わるものとして読むことを提唱している（Kitcher, 2011）。
これらは、ミルの功利主義と教育思想との関係についてのある側面を明らか
にしたものであるが、そこではミルの自由主義が適切に位置づけられていな
いように思われる。鈴木（1998）は、諸個人の発展の概念の功利主義的根拠
について論じているが、そうした諸個人の発展の概念によって自由主義を正
当化する可能性にまでは踏み込んでいない。そこで、本書では、第1章から
第4章で、ミルの功利主義、自由主義、教育思想の三者の関係を徹底して明
らかにしていくつもりである。

　その他、ミルの教育思想を全般的、体系的に扱ったものとしては、塩尻公
明の研究（塩尻, 1948）とF.W.ガーフォースの研究（Garforth, 1979, 1980）が
ある。ミルの功利主義に基づく教育の正当化論という本書の視野からすれば、

塩尻とガーフォースの研究は重要である。

　塩尻は、ミルの教育思想を理解する際に、その前提にある社会哲学の理解が不可欠であるとしている。しかし、ミルの功利主義と教育思想の関係については、「ミルは表見的又は理論的には功利主義者であったが、実質的又は実践的には理想主義であった、といい得るであろう」(塩尻, 1948, p.32) と述べ、教育思想と功利主義の断絶を指摘している。

　一方、ガーフォースは、ミルが「自然論」(1874) で自らに課した言語の明晰化という課題を他の著作では十分に行っていない理由として、第一に、ミルにあって、「人類の進歩」という規範的意図が言語の明晰化という課題よりも優先したこと、第二に、ミルの時代には、そうした分析が、いわゆる20世紀の「哲学の革命」以降に分析哲学によってなされるようになった優先事ではなかったこと、をあげている (Garforth, 1980, p.190)。ガーフォースによれば、このような分析の不徹底は、ミルにあって、幸福、個性、自由、民主主義といった様々な諸価値を並列させることにつながっている。つまり、ミルが傾倒している諸価値は、功利主義によって明確に正当化されているわけではないということである。とりわけ幸福と自由はしばしば矛盾する。「その時、「人民の意志」と「人民の利益」はどちらが優先権をもつのであろうか」(Garforth, 1980, p.191) と、ガーフォースは問うている。

　しかしながら、アラン・ライアンの研究は、このような功利主義と自由主義の矛盾を解消する視座を提供している (Ryan, 1987)[8]。ライアンの研究は、ミルの教育思想に関する研究ではないが、本書の分析枠組みにとって非常に重要な視点を提供してくれている。後に第2章から第4章で詳しく論じていくことになるが、ライアンは、ミルが『論理学体系』で論じた「生の技術」(Art of Life) の三部門の区別を援用することによって、ミルの功利主義と自由主義とが矛盾しないことを主張している。

　「生の技術」は「道徳 (Morality)」・「分別ないしは深慮 (Prudence or Policy)」・「美学 (Aesthetics)」の三部門に分けられ、これらに対応する価値は「正しさ (Right)」・「便宜 (Expedient)」・「美あるいは気高さ (Beautiful or Noble)」である。これら生の技術の三部門は、幸福のみを本質的な価値とする功利主義に従属してはいるが、人間の具体的な幸福は、生の技術の三部門

の各々がもつ固有の目的の追求によってえられる。そして、これら三部門の
うちの「道徳」だけが、自己の行為が直接他者の利益に関わる領域である。
つまり、生の技術の三部門のうち「道徳」とその下位部門である「正義」だ
けが、個人の自由に干渉してでも強制される行為の領域である。「分別」や
「美学」に関する行為は、それが道徳に反しない限り、自分の関心事であり
自由なのである。このことからすれば、分別や美学は個人の自由の領域であ
るとする点で、ミルの功利主義は自由主義を正当化できることになる。

　このようにライアンは、生の技術の三部門の区別を援用することによって、
ミルにおいて功利主義と自由主義が両立することを明らかにしたのである。
本書では、こうしたライアンの成果に依拠しつつ、この生の技術の三部門の
区別を援用することによって、塩尻やガーフォースが不整合なものと見なし
た功利と自由の関係を、教育思想の文脈で捉え直したい。

　とはいえ、教育思想の観点からは、功利主義と自由主義の両立は再び疑わ
しいものとなってくる。生の技術の三部門によって自由主義を正当化しよう
とするライアンにとっては、道徳は強制の領域、分別と美学の部門は個人の
自由の領域であると示すことで、功利主義と自由主義は両立可能なものと見
なされている。だが、ミルの教育思想を対象とする本書にとっては、分別と
美学は個人の自由の領域であるということだけでは不十分であると言わざる
をえない。というのは、教育思想の側面からすれば、個人に自由を与えれば、
その人が分別や美学に適った行為をするようになるということは自明ではな
いからである。だとすれば、道徳だけでなく分別や美学の領域でも、教育に
関してはなんらかの意味での強制が必要になるのではないかという疑問が生
じてくる。実際、ミルは『自由論』で、専ら成人した人間の自由を擁護して
いるのだから、この疑問が生じることは避けられないのである。

　それゆえ、ミルの教育思想研究の関心からすれば、生の技術の三部門のう
ちの道徳の領域のみが強制の領域であり、それ以外は自由であるという理由
で自由主義を正当化するだけでは不十分である。むしろ、生の技術の三部門
の内実を検討したうえで、生の技術の三部門から導かれる教育思想が自由主
義と抵触しないのかどうかが問われなければならない。こうして、第2章か
ら第4章では、ミルの生の技術の三部門が要求する教育思想と自由主義の関

係を明らかにしていく。

　なお、ミルに関するその他の先行研究は、ミルの自由主義と功利主義に限定しても膨大な数に上るため、ここですべてに言及することはできないので、本論の中で適宜言及していくことにする[9]。

第5節　本書の構成

　第1章〜第5章では、ミルの功利主義がどのようにして教育を正当化しうるのかを明らかにする。その際、ミルの功利主義がどのようにして自由主義を正当化しているのかについても検討する。それによって、一方で、ミルの功利主義が自由主義を正当化しながら、同時に、なぜ教育では自由主義が制限されるのかということを明らかにする。つまり、第1章〜第5章では、ミルにおける自由主義の正当化と、その限界としての教育の正当化という両面について検討する。

　第1章では、ミルの功利主義と教育思想の関係を明らかにするために、倫理学の「二次的原理（secondary principles）」という概念に注目する。ミルは、倫理学には第一原理とは別に「二次的原理」が必要であると説いている。「二次的原理」とは、幸福を一般的に促進する傾向がある規則である。功利主義は幸福を最大化する行為を正しいと見なすが、「二次的原理」の存在ゆえに、人はつねに幸福の最大化をめざす必要はないということになる。つまり、ミルの功利主義は、特定の時と場所にあっては直接幸福をめざさないほうが長い目で見て却って幸福を促進することがあるということを認めるのである。第1章では、教育をこの「二次的原理」との一つと捉え、ミルの功利主義から導かれる教育の原理とはどのようなものかを明らかにする。

　第2章では、ミルが功利主義に導入した快楽の質や高次の快楽という概念に注目することによって、高次の快楽の観点による自由主義の正当化可能性について検討する。ミルは、快楽に量だけでなく質の差異を認めることによって、高次の快楽と低次の快楽を区別している。この高次の快楽の一つは、人間がもっている高次の諸能力を満足させることによってえられる快楽である。この章では、こうした高次の快楽に関する主張がいかにして自由主義を

正当化するのかを明らかにする。

　しかし、功利主義によって自由主義を正当化できるのは、ミルが『自由論』で明言しているように、成人に限られる。そうなると、どうして子どもには大人と同じ自由が認められないのかが問題になる。そこで第3章では、「道徳」、「分別」、「美学」という「生の技術」の三部門の区別を援用しつつ、ミルにあって、教育は三つのそれぞれの部門についてどこまで干渉できるのか、またすべきなのかを明らかにする。

　第4章では、生の技術の三部門のうち、美学とそれに基づく美的教育論の内容を検討する。それによって、ミルが主張する自己発達の自由と美学の関係を明らかにする。ここで美学とは美的で崇高な理念を指しており、ミルはこれを自己教育の領域として扱っている。そのため、3章までで明らかにする子どもに対する教育的干渉とは別の問題に属する。

　第5章では、自由の社会的・政治的な次元とは別に、2章で考察した自己発達の自由を可能にする科学哲学的な根拠を検討する。しかし、なぜこうした科学哲学的な側面に注目するのか。それは、自由に関する規範的理論は、自由の条件に関する科学的認識と無関係ではなく、むしろミルは、人間や社会の因果法則に関する認識が人間の自由を促進すると考えているからである[10]。そこで本章では、ミルが人間の性格形成に関する因果法則についてどのように考えたのかを明らかにし、その因果法則の存在と人間の自由とがいかにして両立しうるのかを考察する。そして、人間の行為が因果関係に拘束されていることによって自由が無意味なものになるのではなく、むしろ因果関係の存在によってこそ性格の改善が可能になることを明らかにする。自由が必要になるのは、個々人が因果法則を理解し、統制することによって、自分が望むように自分自身の性格を改善する可能性が開かれるからである。このように、因果と自由の問題はすぐれて教育的意義をもっているのである。

　以上の第1章〜第5章での考察によって、ミルにあって功利主義と自由主義の関係がいかなるものなのかを解き明かしながら、ミルがどのような教育をどこまで正当化しているのかということを明らかにしていく。

　第6章では、ミルの教育思想における自由と平等の拮抗関係を教育の正義論という観点から検討する。第1章〜第5章では、個々人の自由とその制限

としての教育について検討するが、第6章では、そうした自由と教育の問題を制度的な次元に置き直したうえで、自由と平等の関係を考察する。すなわち、教育においてはどのような平等がめざされるべきなのか。国家はその平等の達成のためにどの程度介入すべきなのか。それによって教育の自由はどこまで制限されるべきなのか、といった問題である。このように、第1章～第5章では、主として個人に対してどのような理由で教育を強制しうるかという教育目的論的な考察を中心にするのに対して、第6章では教育の分配の問題を考察する。

　第6章では、まず、ミルの「正義」の概念とその功利主義的分析を検討する。正義は生の技術の三部門のうちの「道徳」の下位部門であり、道徳が最終的には個人の裁量の範疇であるのに対して、正義は権利の保護を社会に対して要求し、その保護は外的に強制されるべきものである。

　こうした正義の一般的概念を明らかにしたうえで、次に、不偏、功績、衡平といった分配的正義の諸原理と功利主義の関係を検討する。そのうえで、こうした分配的正義の諸原理がどのように教育の正義論に応用され、教育の権利を正当化しているのかを明らかにする。たとえば、努力と報酬の比例という衡平原理が、機会の平等の実現のために教育に何を要求するのかを明らかにする。それによって、功利主義は社会全体の幸福を説くがゆえに少数者を犠牲にするといった批判がミルの教育の正義論にはあてはまらないことを示したい。

Utilitarianism, 1861.

『功利主義論』──「最大多数の最大幸福」は、その「最大多数」という言葉ゆえに、少数者の幸福の犠牲を正当化するのかなどと批判されてきた。しかし、ミルの真意は、行為や規範の目的は幸福であり、幸福という価値に基づいてのみ、行為や規範が正当化されると主張することにあった。

功利主義の一つの要素である「快楽主義」の主張によって、功利主義が人間の尊厳を貶めているのではないかという批判に応えるために、ミルは「高次の快楽」を導入し、「幸福」と「満足」は異なると述べた。それによって、ミルの学説はアリストテレスの「エウダイモニア」（幸福）の倫理学に近づいたと言える。ミルの功利主義とアリストテレスの倫理学の比較は、今後もっとなされるべきであろう。

第1章

ミルの功利主義と教育思想の関係
☐ 二次的原理としての教育

第1節　教育目的論としての功利主義

　本章の目的は、ミルの教育思想を基礎づけていると思われる功利主義の特質を明らかにすることによって、ミルの実践的な教育思想の根拠となっている基本原理を明確にすることである[1]。ミルが目的論の第一原理としての功利主義を提唱した倫理学者であったことを思い起こせば、ミルの教育思想が功利主義倫理によって基礎づけられていると考えるのが至当であろう。というのは、ミルにとって、教育の目的が人間の目的に合致しなければならないことはほぼ疑いないと言えるからである。だとすれば、ミルの民主主義や自由主義と教育思想の関係が問われる場合にも、同時にそれらの前提である功利主義との関係が理解されていなければならない[2]。

　ミルの功利主義と教育思想の関係を問う場合、功利主義そのものの正しさが疑われれば、教育思想の土台が崩れてしまうことになろう。だから、本来は功利主義そのものの正しさを検討した上で教育思想との連関を考察すべきであろう。だが、功利主義そのものについては倫理学・政治哲学・法哲学の分野で幾多の論争が繰り広げられているだけでなく、そもそも倫理学の第一原理が一般に証明できる性質のものでないことはミル自身が認めていることでもある（Mill, 1969d, p.207）。

　そこで、本章では、功利主義の証明の成否については不問のままにし、功利主義と教育思想の原理的な関係のみを問題にしたい。このような試みは、様々な著作に散らばったミルの教育思想を総合的に理解することを可能にす

るだけではない。教育思想を功利主義によって根拠づけることは、ミルの教育思想を批判可能な形で提示することにもなるのである。

　ミル哲学における功利主義と教育思想の関係は様々な側面から論じることができるが、本章では、次の二つの側面、すなわち、（1）ミルが教育を功利主義の「二次的原理」の一つとして説明していること、（2）ミルが、功利主義を正当化するために必要である利他的感情を形成する手段として道徳教育を要請していること、を問題にしたい。第一の側面については、まず最大幸福原理（Greatest Happiness Principle）とその「二次的原理」について説明し（2節、3節）、そのうえで教育が、①多元的社会観、②道徳と正義の原理、③自由原理（Principle of Liberty）といった他の「二次的原理」といかなる関係にあるのかを考察する（4節）。第二の側面については、功利主義が正当化されるために必要な利他的感情の陶冶が、ミルが重視する個性の開発といかなる関係にあるのかを考察したうえで、功利主義的な道徳教育を可能にする社会的条件について論じる（5節）。

第2節　反形而上学としての功利主義

　ミルの『功利主義論』は、最大幸福原理を目的論の第一原理とした場合の実践的規則を論じた著作であるだけでなく、功利主義の受容を現実の人々に対して説得するために、功利主義の適用が可能な社会的条件を論じたものでもある。

　形而上学を認めないコントの影響下にあったミルにとって、倫理学の第一原理は経験的かつ歴史的に実現可能なものでなければならなかった。ミルは『コントと実証主義』（1865）で、コントが「あらゆる政治的真理を厳密に相対的なものと考えて、社会の一定の状態や状況がそれに相関すると示唆した」点を、「現代の政治哲学と過去のそれとの主要な相違点の一つをなす」ものとして称賛している（Mill, 1969a, p.323）。ミルは、このコントの見解に依拠しつつ、「歴史の諸事実は人間性の諸法則に依存するのだが、人間それ自身は決して抽象的な人間でも普遍的な人間でもなく、人間社会によって既に形成されて現在の姿となっている歴史的な人間である」（Mill, 1969a, p.307）

と述べて、無時間的な理性によって社会を設計しようとする社会契約説やベンサム主義を批判するのである。

　そうなると、人間が幸福を追求するという原理自体が歴史的に変化することになるのか。この点については、ミルの功利主義を三層構造で理解すべきものとするジョン・グレイの議論が参考になる（Gray, 1996, p.46）。グレイによれば、第一層において、功利主義はただ幸福のみが本質的な価値であるという原理と結びつき、ここでの幸福は感覚を持つあらゆる動物のそれと理解される。第二層において、功利は人間という種に特有の性質、不変の人間性の一般的事実に関わる。最後の第三層では、功利は、自律的な生活を可能にする諸能力が発達した反省的で文明化された人々にとっての幸福と関わる。

　まず第一層に関して、「行為は幸福を促進する傾向に比例して正しく、幸福に反するものを生み出す傾向に比例して誤りである」（Mill, 1969d, p.210）のだから、幸福のみが本質的な価値であるという命題は普遍的なものである。また、第二層の功利主義にとって人間はその本性上幸福を求める存在である。しかし、その場合でも、第三層の功利主義にとっては、実際に何が幸福をもたらすかは個々の民族・社会において多様であるだけでなく、個々人においても多様である。第三層の功利主義は、このように幸福についての見解が多様な中で、個々人が他人に危害を及さない限りで最大限自由を行使し、それによって幸福の条件としての個性を発達させるという意味での幸福を問題にする。この点は後述する「自由原理」に関係してくる。

　以上のように、あらゆる行為が幸福のためになされるべきであるとしても、それだけではあまりにも抽象的かつ一般的な原理である。したがって、まず最大幸福原理そのものの意味を明確にする必要があろう。その上で最大幸福原理を実際に適用する際にミルが要求する「二次的原理」について論じる。

第 3 節　功利主義とその二次的原理

　ミルの功利主義は、（１）幸福主義とその一種である快楽説（hedonism）、（２）総和主義、（３）方法論的個人主義と不偏の原理、（４）帰結主義（consequentialism）、を含意する[3]。

　第一に、ミルにとって、幸福のみがそれ自体として価値があり、他のもの
は幸福のための手段である。そして、ミルは幸福主義の一種である快楽説を
採る。すなわち、幸福とは快楽である。その際、ミルにとって、快楽には量
だけでなく、質の区別がある。この快楽の質については第2章で論ずる。な
お、ミルの功利主義は快楽を善と見なすが、あらゆる功利主義がそうである
わけではない。あらゆる功利主義は幸福のみを本質的な価値と見なす点で幸
福主義であるが、幸福の内容は快楽であったり、選好充足であったりする[4]。

　第二に、ミルを含むあらゆる功利主義は総和主義である。総和主義とは、
関係者全員の幸福を総計し、それを最大化すべきだと説く。また、ミルは最
大幸福を「行為者自身の最大幸福ではなく、すべての幸福を一緒にした最大
量」(Mill, 1969d, p.213) であると定義する。

　第三に、既に述べたように形而上学を否定するミルは、こうした最大幸福
をあくまで個々人の幸福の総計と見なす点で、方法論的個人主義に立ってい
る。その際、「幸福」が「望ましい」と同義語である以上、同一の人ないし
二人にとって等しい程度の幸福は等しく望ましいと考えなければならない。
つまり、身分・階級・性別を問わず等しい量の幸福を偏りなしに数える「不
偏（impartiality）」の原理は功利主義の前提である（Mill, 1969d, p.258n)。

　最後に、ミルの功利主義を含むあらゆる功利主義は、最大幸福をもたらす
行為を正しいとする帰結主義である。功利主義は、「行為は幸福を促進する
傾向に比例して正しく、幸福に反するものを生み出す傾向に比例して誤りで
あると主張する」(Mill, 1969d, p.210)。つまり、最大幸福をもたらす行為が正
しい。とはいえ、人々はその行為を動機とする必要はない。ミルによれば、
功利主義は行為の規則を示すものであり、行為の動機についての倫理学では
ない (Mill, 1969d, p.219)。ミルにとって、溺れている人を助けるという道徳
的行為は、その動機がなんであれ正しい。つまり功利主義は帰結主義を含意
している。それゆえ、ミルは、「われわれのすべての行為の100分の99は、
ほかの諸動機からなされ、義務の規則がそれらを非難しないならば、そうな
されることが正しい」(Mill, 1969d, p.219) と言う。このような帰結主義の導
入によって、ミルは最大幸福を目的とすることを嫌う利己的な人物の動機を
許容する一方で、自身の幸福を意に介さない英雄的な人物の行為を称賛する

のである。

　とはいえ、最大幸福原理には、そこで言われる最大幸福が「行為者自身の最大幸福ではなく、すべての幸福を一緒にした最大量」（Mill, 1969d, p.213）であることに伴う一つの問題がある。個々人が自分の幸福を追求するのと直接他の人の幸福をめざすのとでは、どちらが最大幸福に適うのか。

　ミルは、この問題を解決するために、功利主義に「二次的原理」を導入する。ミルは言う。

　　　結局は一人ひとりの個人から成る人類は、他の人々の利益のために必要とされる規則と条件の下で、その人自身の幸福を追求したときの方が、他の人々の利益を唯一の目的とし、その人自身の能力の維持にとって不可欠なもの以外のいかなる個人的快楽も自己に許容しないときよりも、幸福のより大なる総計を獲得するということは事実ではないだろうか（Mill, 1969d, p.337）。

　ここでミルは、「道徳の基本原理」が最大幸福原理であるとしても、個々人が直接最大幸福をめざす必要はないと考えている。功利主義は、たしかに幸福のみが本質的な価値であると主張する。だが、ミルによれば、たとえば自由や平等といった規則および徳といった価値はもともと幸福のための手段であったが、歴史の過程でそれ自体のために欲求されるようになったのである。社会で受け入れられたある道徳的規則は、たとえそれが人々の特殊な快を満足させないことがあるにしても、人々の一般的幸福を促進しがちであるという事実によって「中間的な一般化（intermediate generalization）」を経て、功利主義の二次的原理として認められることになる（Mill, 1969d, p.224）。

　それゆえ、ミルの功利主義は「二次的原理」をも伴った「最大幸福原理」である[5]。このようなミルの「間接功利主義（indirect utilitarianism）」[6]は、ベンサムによる直観主義（intuitionism）への攻撃をある程度緩和し、ベンサムと同様、第一原理としての直観主義は誤りであるとしながらも、直観主義が信奉する道徳原理自体は救い出そうという意図に基づいている。直観主義とは、善とは直観によって直接内在的に把握できるものであり、行為の外在的

な結果によって善を定義することはできないという立場である。ミルは、幸福という行為の結果によって善を定義する点でベンサムを受け継いでいるが、直観主義が信奉する道徳原理が最大幸福と矛盾しない限りで直観主義を許容することになる。というのは、ミルからすれば、直観主義の道徳自体の源泉は効用にあり、直観主義が信奉する道徳は二次的原理としては必ずしも誤りではないからである。

　しかし、その道徳は歴史の進展とともに変化していくかもしれないし、また、人類の幸福のためならば、変化してもかまわないと考えられている。したがって、直観主義の誤りは幸福の手段であった道徳を絶対視する点にあると言える。

　では、二次的原理がそれ自体としての価値を持ち始めるとすると、第一原理としての最大幸福原理は個々の行為を導くうえでいかなる役割を果たすことになるのか。この点に関してミルは、二次的原理同士が相互に対立しない限りは、その二次的原理がそれ自体として望まれてよいと言う。それに対して、二次的原理同士が相互に争う場合には、それらのどちらがより望ましいかを測るために効用に直接訴えることになるのである（Mill, 1969d, p.226）[7]。

　では、ミルがこの「二次的原理」として認めるものは何なのか。ミル自身は何が「二次的原理」であるかについて明確には述べていないが、本章では（1）多元的社会観、（2）道徳・価値・便宜という三つの行為領域の区別、（3）自由原理、および説得と強制の区別、（4）幸福の手段を判定するための知識とその教示、を「二次的原理」として考察する。もっとも、コントの実証哲学の影響下にあるミルにとって、それらの原理が最大幸福に適うかどうかはあくまで経験的・歴史的に検証されるべきものであることは言うまでもない。

第4節　二次的諸原理

（1）多元的社会観

　ミルは幸福という一元的な価値に基づいて倫理学を構想している点で、幸福一元論に立っている。しかし、3章で論ずるように、ミルにとって功利主

義は個々の行為を導く原理であるよりは道徳規則を正当化する原理であり、それゆえ、個々人はつねに最大幸福をめざす必要はない。つまり、個々人や諸団体の行為が道徳規範と両立する限り、その人たちは自分たちの利益を追求したほうが、結果的に最大幸福をもたらすと考えられているのである。したがって、ミルは次のように言う。

　　義務という動機からなされる行為と原理に直接従ってなされる行為についてのみ語ることが、人々が自分の精神を世界あるいは社会全体という広範な一般性に固定させるべきだということを意味するかのように考えるのは、功利主義の思考様式に対する誤解である。よい行為の大部分は、世界の利益をではなく、個々人の利益を意図しているのであり、後者によって世界の善が形成されるのである。そして、最も有徳な人間の思考でさえ、これらの場合に関係する特定の人々を越えて進む必要はない（Mill, 1969d, pp.219-220）。

　このように、最大幸福の促進は人間の義務であるが、個人が常に自分の行為を直接最大幸福原理に照らして決める必要はない。もっとも、ある人々に利益を与えることが、他の誰かの権利、すなわち合法的で公認された期待を侵害すると予想される場合は別である（Mill, 1969d, p.220）。つまり、個人は、個人間および集団間において、法律上・道徳上の権利を侵害しない限り、ある行為を自由になしてよいのである。
　では、この権利とは何か。もちろん、この権利は実際上各国の実定法あるいは各々の社会・集団の慣習に基づくものということになろう。だからと言って、ミルがこのような権利の基準について語っていないわけではない。

（2）道徳と正義の原理
　ミルは『論理学体系』で、人間の生活領域を「道徳」・「分別ないしは深慮」・「美学」、すなわち、「正しさ」・「便宜」・「美あるいは気高さ」の三つの部門に峻別している（Mill, 1973-1974, p.949）。同様に、ミルは『功利主義論』の第5章「正義と効用の関係について」で、「道徳一般（morality in general）」

34

『論理学体系』	『功利主義論』	
道徳（正しさ）	道徳一般	正義
		道徳の他の部門
分別ないしは深慮（便宜）	便宜と価値	
美学（美あるいは気高さ）		

と「便宜と価値（Expediency and Worthiness）」とを区別したうえで、さらに、道徳を「正義（justice）」と「道徳の他の部門（other branches of morality）」とに区別している。

　まず、ミルは「道徳」と「便宜と価値」の差異について、それに反した場合に刑罰に値するかどうかという規準を提起する。ミルの主張によれば、「便宜と価値」の領域では、たとえその行為をしないことが称賛されず嫌悪されるとしても刑罰の対象とはならない（Mill, 1969d, p.246）。つまり「便宜と価値」に関しては説得や勧誘に留まるべきであり（Mill, 1969d, p.246）、人々に義務化されてよいのは道徳の領域に関する規則のみである。しかも、「道徳的制裁によって強制されるべき行為規範としては、人々が他人に危害を加えるのを防止するか、あるいは彼らが始めた善を怠らないようにさせることだけが企てられるべきである」（Mill, 1969a, p.339）。

　さらに、道徳の中でも、「正義」と「道徳の他の部門」では性質が異なってくる。両者の関係について、ミルは「完全義務（perfect obligation）」と「不完全義務（imperfect obligation）」の区別に対応させて論じている。「完全義務という義務（duties）は、一人あるいは複数の人間がそれに対応する権利をもっているような義務である。……正義とは、行うことが正しくて行わないことが不正であるようなものだけでなく、ある個人が自らの道徳的権利として私たちに要求することができるものを含意している」（Mill, 1969d, p.247）。つまり、正義は特定の時期における特定の誰かに対する義務である。

　それに対して、不完全義務とは、「いかなる権利をも生まない道徳的義務であり、……たしかにその行為は義務ではあるが、それを実行する特定の時期についてはわれわれの選択に委ねられている」（Mill, 1969d, p.247）。後者の例としてミルがあげるのは寛大（generosity）や慈善（beneficence）である。寛大や慈善について、われわれは、ある特定の個人に対してそれらの徳を実践する義務を負っていないし、それらをいつ行うべきかも定められていないのである。

このように、ミルは『功利主義』で「道徳」と「価値と便宜」を分けたうえで、さらに「正義」と「道徳の他の部門」を分けている。以下で見ていくように、『自由論』における自由原理は正義の原理の一つである。

（3）自由原理、および説得と強制の区別

明らかに、最大幸福原理を唯一の基準と見なす限り、功利主義は自由原理を正当化することはできない。というのは、個々の場合には自由を制限するほうが利益を最大化することがあるからである。しかし、ミルは、長期的な視野で見れば自由原理が人々の幸福を増進する傾向にあるということによって、自由原理を二次的原理として正当化している。自由原理の正当化の理由については2章と3章で論ずるが、ここでは自由原理が正義の原理であることだけを明らかにしておきたい。

ミルは『自由論』で、世論による道徳的な力か刑罰による法的な力であるかを問わず、諫言、説得、懇願は別にして、ある個人がその人の意志に反して他者から強制されるのは他者の自己防衛の場合に限られるべきとする（Mill, 1977b, p.223）[8]。この自由原理は、正義の諸原理の一つをなすと言える。正義は、特定の人が特定の時期に然るべき権利を与えられることを要求する。また、正義はその権利が侵害される時には相応の刑罰を要求する。すなわち正義は、A氏という人物の権利がB氏によって侵害される時には、A氏は自己を守るために他者や社会および国家からのB氏に対する刑罰を要求する。だとすれば、他者への干渉は自己防衛の場合に限られるべきだとする自由原理は正義に属すると言える。というのは自由原理は、自己防衛の場合には他者への干渉や刑罰を許すからである。

こうしてミルは、正義を刑罰の要求と結びつけることによって、道徳の領域を「正義」と「道徳の他の部門」に区別する。後者については、既に引用したように、「たしかにその行為は義務ではあるが、それを実行する特定の時期についてはわれわれの選択に委ねられている」（Mill, 1969d, p.247）。したがって、誰もそのような道徳的行為を他者に要求する権利を持ち合わせていないのであるから、これを行わない人を罰することはできない。

以上のように「正義」の領域を限定することによって、ミルは『自由論』

36

で、「自分のことに関わる（self-regarding）」行為の自由を主張することができる。

　　誰も酔っ払っているという理由だけで罰せられるべきではない。しかし、兵士あるいは警察官は、勤務中に酔っ払っているという理由で罰せられるべきである。要するに、個人に対してかあるいは公衆に対して、明確な損害あるいは明確な損害の危険がある時はいつでも、問題は自由の領域から除かれて道徳の領域か法律の領域に移される（Mill, 1977b, p.282）。

　このようにミルは、他者の明白な権利を侵害しないような行為を「自分のことに関わる」行為と呼んで、これらの行為については本人の意志に反して干渉することを批判するのである。この「自由原理」を本節の（2）の議論と対応させるならば、たとえ酔っ払うことが「便宜と価値」に反し、すなわち称賛されず嫌悪される行為であっても、それが他者の権利を侵害せず、また明確な義務に反しなければ、「自分のことに関わる」行為と見なされるのである。
　ところで、この節の最初の部分で見たように、ミルは「諫言、説得、懇願」と「強制」とを区別する。ミルは、既に自由原理の前提として含まれているこの区別を行うことによって、「自分のことに関わる」行為に関しても、ある人ないしはある社会が他の人や他の社会に対して説得することを認めている。
　多元的社会観を主張するミルは、最大幸福原理に直接訴えることは人類および社会の生活様式を画一化することになると考え、これを拒否する。ミルは、行為規範を共有していないと思われる社会間の問題について、一方の社会が自身の行為規範を別の社会に強制することを批判し、説得という手段を用いることを要求している。たとえば、当時のモルモン教が一夫多妻制を採用している点で、夫婦を対等者と見なすべきだという正義を侵犯するものであるにしても、「この関係が、それに関わりまたそれによって害を受けていると思われている女性の側で自発的に行われているということが想起されな

ければならない」とし、「彼らが他の諸国民に対する侵略を行わず、また彼らのやり方に不満な人々には完全な離脱の自由を与えているならば、彼らが好む法律の下でそこに暮らすことを、圧制以外のどんな原理によって妨げうるのか。それを理解するのは難しい」（Mill, 1977b, pp.290-291）と述べている。つまり、ミルにとっては、「直接に利害関係のあるすべての人が満足しているように見える状態」が、「そこに関係のない数千マイル離れた人々にとって憤慨すべきことであるからといって廃止されるように干渉し要求する」（Mill, 1977b, p.291）ことは認められないのである。

　この立場は多元主義的なものである。ミルは、「いかなる共同体も他の共同体に対して文明化されるように強制する権利を持つなどと聞いたことがない」と言い、もしも直接関わらない人々がモルモン教に反対するならば、「それに反対する説教をさせるために……彼らに宣教師を送らせればよい」（Mill, 1977b, p.291）と言う。ただし、その場合でも、モルモン教の教師を黙らせるのは正当な手段ではない（Mill, 1977b, p.291）。

（4）文明、教示、教育

　これまで見てきた多元的社会観や自由原理が道徳上のニヒリズムを帰結しないためには、文明や教示という別の二次的原理が必要になる。ミルは、どの文化も未だ真理からははるか遠い位置にいると考え、「地平の融合」による異文化間の学習を主張する立場で満足しているわけではない（Taylor, 1994, pp.70-73）。ミルは同じ『自由論』の中で、「もしもその目的が未開人の改善にあり、またその手段が現実にその目的を達成することによって正当化されるならば、専制政治は未開人をとり扱うための正当な統治方法である」（Mill, 1977b, p.224）と言っている。つまり、「自由は、原則として、人類が自由で対等な討議によって改善されうるようになった時よりも前のいかなる状態に対しても適用できない」（Mill, 1977b, p.224）のである。このような言明は、文明化の強制を批判する先述の見解と相容れないように見える。

　しかし、ミルにあってはこの二つの見解は矛盾してはいないのである。というのは、モルモン教の一夫多妻制は「文明における退歩」（Mill, 1977b, p.291）であるように見えても、モルモン教徒は未開人ではないと考えるから

である。ミルにとって、未開人でないとは、彼らが既に「信念か説得かによって自分たちの改善へと導かれる能力を獲得した」（Mill, 1977b, p.224）ということを含意している。そして、このように文明化された民族・国民に対しては、自らの意志に反して他から強制することは許されず、説得という手段を用いるべきであると考えるのである。

　では、人類はどのようにしてこのような文明に至ったのか。ミルによれば、人類は「過去の存続期間全体」を通じて、「経験によって行為の諸傾向を学んできた」のであり、そのことによって、「人類は現在までに、ある行為の幸福に対する効果に関する明確な信念を獲得してきた」（Mill, 1969d, p.224）。このような信念は、ミルにあっては実際的な技術に限らず、道徳的な信念をも含んでいる。というのも、もともとすべてが幸福の手段であったと考えるミルにとって、道徳的信念は幸福の手段としての知識だからである。

　こうしてミルは、知識の「教示（instruction）」を二次的原理の一つと見なす。だからこそ、ミルは未開人に対する専制政治を認めるのであり、同じ理由から、「子ども」と「法律が成人男性あるいは成人女性と定める年齢より下の若い人々」（Mill, 1977b, p.224）を自由原理の適用から除外することになる。「未だ他者によって世話されることを必要とする状態にある人々は、外的な侵害に対してだけでなく、彼ら自身の行為に対しても保護されなければならない」（Mill, 1977b, p.224）。ミルがそう述べるとき、これらの人々に対して、既に述べた「自分のことに関わる」行為の自由を与えることを明確に拒否している。

　たしかに、ミルは『自由論』で、「自分のことに関わる」行為の自由を擁護するために、個性（individuality）が幸福の一要素であること（Mill, 1977b, p.261）、また、その他の能力についても「自ら選択を行うことによってのみ発揮される」（Mill, 1977b, p.262）点で自発性（spontaneity）が必要であることを説いている。すなわち、ある人の選択は、たとえ他の人々にとって便宜に反するとしても、あるいは価値がある行為から見ていかに「奇行」（Mill, 1977b, p.269）であろうとも、それが特定の人の権利を侵害していない限りは、個性と自発性の点からみて許容すべきなのである。

　しかし、ミルは、そのような奇行が許されるのは大人だけであると考えて

いる。成人した大人は、その行為が正義に反しない限り、人類の過去の経験
としての知識を自由に解釈し、自分の生活のために役立てるべきなのである。
というのは、「他の人々の伝統や慣習は、ある程度まで経験がその人たちに
何を教えたかについての証拠であ」（Mill, 1977b, p.262）り、それがそのまま
誰にでも適用可能だとは限らないからである。つまり、教育によって学ばれ
る他者の経験は、学ぶ人本人の個性に合ったものであるとは限らない。「経
験をその人自身の仕方で利用し解釈することは、能力が成熟した人間にとっ
ての特権であり、そうした人にふさわしい状態なのである」（Mill, 1977b,
p.262）。

　ところが、以上のことは子どもに対する教育の強制までも否定するわけで
はない。ミルにとって、教示は個性の発達と両立する。他者の経験としての
知識が個々人の個性と合致しない場合でさえ、それは「推定証拠であり、そ
ういうものとして敬意を要求する」（Mill, 1977b, p.262）のである。個々人の
個性を発達させるべきと主張するからといって、「その人たちが世界に生ま
れ出る前には何も知られていなかったかのように、つまりある生活様式や行
為様式が他のものよりも好ましいということを示すために経験がこれまでま
ったく役立たなかったかのように生活すべきだと主張するのはばかげていよ
う。人類の経験の確実な結果を知り、またこれによって利益をえるために、
人々が若い時期に教えられ、また訓練されなければならないということは誰
も否定しない」（Mill, 1977b, p.262）。このように、人々は青年期に、「自分の
ことに関わる」行為についても、過去の人類が経験してきたことから帰結す
る一般的な結論について学ばなければならないとミルは考えている。

　ミルは、「成長した大人」が「適切に自己管理できないという理由で処罰
される」例をあげて、次のように言う。

　　　社会のより弱い成員が何か分別のない行為をするのを待って、その後
　　にそれを理由に法的にあるいは道徳的に罰すること以外、彼らを理性的
　　行為の普通の水準にまで育てる手段をもたないかのようにその問題を論
　　ずることには賛成できない（Mill, 1977b, p.282）。

　というのも、「社会は、彼らの子ども期と未成年期全体を所有してきたのであり、その時期に、彼らが人生において理性的に行為できるようにさせることができるかどうかを試してきた」からであり、また、「現在の世代は、新しい世代を全体として自分たちと同程度のものにし、また自分たちよりも少しは優れたものにすることが申し分なく可能」(Mill, 1977b, p.282) だからである。

　ミルは教育 (education) を、より広い意味での教育とより狭い意味での教育とに区別している。より広い意味での教育は、「人間を形成するのに役立つものすべて」をさし、法律や社会生活の諸様式などによって人間の「性格と人間の諸能力とに与えられる間接的な効果」(Mill, 1984a, p.217) をも意味する。それに対して、より狭い意味での教育は、「各世代が、既に達成された進歩の段階を少なくとも維持し、また可能ならばその段階を向上させるのにふさわしい人間にするために、後継者となる人々に対して故意に授ける教養」(Mill, 1984a, p.218) をさす。ミルが社会の教育力について述べている先の引用文では、この狭い意味での教育が想定されている。

　社会は教育を組織することによって、進歩の水準の維持と向上に寄与しうる理性的な人間を形成する義務を負っている。社会のかなりの成員を「離れた (distant) 動機に対する理性的な考慮に作用されることのできない単なる子どもに育ててしまうならば、社会はその結果に対して責任を負う」(Mill, 1977b, p.282) ことになる。なぜならば、教示は自分のことについても他人のことについても「離れた」動機について考慮することを可能にするのであり、最大幸福にとって不可欠な要因だからである。単に特定の時期と場所で当事者および社会に対して明確な危害を及ぼさないという理由で、理性的でない人々に対してすべての行為を許容することは、特定の結果にとっては有益であっても最大幸福にとっては有害であるかもしれないのである。

　もちろん、最大幸福にとっては知性 (intellect) だけで十分であるわけではなく、次節で述べるように道徳の基礎には感情があることをミルは認めている。しかし、ハーバート・スペンサー (1820〜1903) が、世界を支配しあるいは破壊するのは観念でなくて感情であると言うのに対して、ミルは、知性は「指導的な部分」として、感情や諸傾向の力をその最大限度にまで働か

せる結合力を持つと言うのである（Mill, 1969a, pp.315–316）。

　したがって、成人に達した人間が「自分のことに関わる」行為に関して、あるいは偶然的にしか他者に関係しない便宜と価値の領域に関して自由であるためには、「適切に自己管理」するために便宜と価値に関する確実な信念を教えられていなければならないとともに、それによって知性が陶冶されていなければならない。ミルにとって教示は最大幸福の条件であり、教示という条件があって初めて、自由原理は社会に適用されうる。言い換えれば、もしある社会が「適切に自己管理」できるくらいの理性的行為の水準にまでその成員を教育できないとしたら、その社会は成人になった人々に「自分のことに関わる」行為の自由を与えないということになろう。

　それゆえ、自由原理と功利主義を両立可能にするためにはどうしても教育が必要になるのであり、この点を見誤るとミルの思想の整合性を理解できなくなる。実際、ジョン・プラムナッツが、他者から干渉されないからと言って、それによって社会の利益が実現されるわけではないので、ミルにおいて功利主義と自由原理は切り離されていると言う（Plamenatz, 1958, p.126）。しかし、プラムナッツは教示や教育という条件を見逃しているのである。

　この点でミルは、少なくとも子どもの教育に関しては、しばしば誤解されているような自己決定論者ではない。チャールズ・テイラーは、「ある人がともかくも普通の常識と経験をもっているならば、その人自身の生活を自分で設計する独自のやり方が最善のものであるが、その設計がそれ自体最善のものだからではなくて、それがその人独自のものだからである」（Mill, 1977b, p.270）というミルの『自由論』の箇所に言及しつつ、自己選択が重要であるためには、わたしが決めるのではない重要な問題が存在しなければならないと批判する（Taylor, 1992, p.39）[9]。

　しかし、これまで見てきたように、ミルは自己選択という理念を子どもには適用していない。ミルは、経験ある人々や教育された人々が重要な問題と見なすものを子どもや未成年に教育することは否定しないであろう。ミルは行為の効果に対する経験的・歴史的な知識の教示を功利主義の二次的原理の一つと見なすので、人類および社会が重要であると見なしてきた問題とその解答をそれ自体価値あるものとして教えることを要求するのである。

第5節　功利主義と道徳教育

（1）個性の開発と道徳教育の関係

　以上のようにミルは、子どもを理性的な行為者とは認めずに自由原理の適用対象から除外することによって、子どもには効用の判定者としての資格を認めない。

　ところで、ミルにとって、いかにして効用の判定者を形成するのかということは、功利主義の正当化にとって避けられない問いである。というのは、人々が実際に最大幸福を望むのでなければ、どのようにして最大幸福を実現できるのかわからないからである（Plamenatz, 1958, pp.9-10）。これは、立法者の観点から物事を見ていたベンサムには生じなかった問題である。しかし、ミルの唱える功利主義は、立法者だけでなく個々の行為者に対しても正当化できる原理でなければならない。もしもベンサムが考えたように、人々がほとんど利己的であるならば、最大幸福を望むことはないはずである。では、一体どのようにして最大幸福は正当化されうるのか。

　この問いに関してミルは、ベンサムに反して効用の判定者を形成する条件について考察している。第一に、功利主義の実現と正当化のためには、「離れた」利害について考量できる知性が必要である。第二に、「功利主義は、性格の高潔さの一般的陶冶によってのみその目的を達成しうる」（Mill, 1969d, pp.213-214）と言われる。最大幸福のために献身しようとする高潔な感情の陶冶は、すべての人々に対して行えるものではないとしても必要である。高潔な性格を持つ人物は、「満足した豚であるよりは不満足な人間」であろうとし、また「満足した愚か者であるよりは不満足なソクラテス」であろうとする（Mill, 1969d, p.212）。たとえその人本人が「その高潔さのためにつねに幸福かどうかが疑われることがありうるとしても、それが他の人々を幸福にし、世界一般がそれによって計り知れないほどの利益をえるということは疑う余地がない」（Mill, 1969d, p.213）。

　こうしてミルは、成人した大人については「自分のことに関わる」行為の自由を認める一方で、教育の目標としては、「最も気高い英雄主義（the most

exalted heroism)」が、義務に転換されるべきではないとしてもめざされて
よい、あるいはめざされるべきであると言う（Mill, 1969a, p.339）。

　このように利他主義の直接的陶冶（direct cultivation of altruism）を教育の
主要目的の一つと見なすミルは（Mill, 1969a, p.339）、同時に、「いかなる問題
も道徳の問題であり、道徳以外のいかなる動機も許されない」（Mill, 1969a,
p.336）と考えるコントを批判している。ミルによれば、道徳や義務のために
画一的な教育をするのは、「人類が自分たちの最高の能力を制限なく発揮す
るという方向に向かって一歩一歩進歩していくとともに、受容されるどころ
か却ってますます嫌悪されるようになる事柄」（Mill, 1969a, pp.314-315）であ
り、単に道徳に反するという理由で子どもの個性を育てないとすれば、大人
になってからも個性を発達させることなどできないのである。

　この点で、子どもに対しては「自分のことに関わる」行為の自由を認めな
かったミルも、個性の開発という課題については、大人であるか子どもであ
るかに拘わらず人間にとって重要であると認識していたに違いない。ミルは、
「個性の自由な発達（free development of individuality）が幸福の主要な要素の
一つであること、それは文明、教示、教育、教養（culture）という言葉によ
って示されているすべてのものと同等の要素であるだけでなく、個性自体が
それらすべての不可欠な要素であり条件であること」（Mill, 1977b, p.261）を
主張しているからである。

　こうしてミルは、個人的利害に対するいかなる顧慮も邪悪なものと見て他
者の幸福のみを直接の動機としなければならないとするコントを「道徳に酔
える人（a morality-intoxicated man）」（Mill, 1969a, p.336）と揶揄するとともに、
『自由論』でも、「わがまま（self-will）」を否定し服従を説くカルヴァン主義
の理論が、「その人自身の本性に従わないことによって、従うべき本性をま
ったく持たない」（Mill, 1977b, p.265）人々を作り上げてしまうと言う。

　ミルは、道徳のために個性を制限しようとするこれらの理論に反対する。
「悪い行いをするのは人々の欲望が強いからではない。それは彼らの良心が
弱いからである。強い衝動と弱い良心の間に自然な関係は存在しない」ので
あり、「欲望と感情が強い」人は「おそらくはより多くの悪をなしうるけれ
ども、より多くの善をなしうることも疑いない」（Mill, 1977b, p.263）。つまり、

衝動や欲望の強さが必然的に不道徳な行為につながるわけではないのである。その場合、「個人的衝動を活発で強いものにするのと同じ強い感受性が、徳に対する最も情熱的な愛着と最も厳格な自制とが生じる源泉でもある」（Mill, 1977b, pp.263-264）以上、この本性を陶冶することは社会にとって義務であるだけでなく、また社会はそのことによって利益を得もする。こうして、ミルによれば、「欲望と衝動がその人独自のものである人物、すなわち、欲望と衝動がその人独自の教養によって発達し、修正されているがゆえにその人独自の本性の表現である人物が、気骨があると言われるのである」（Mill, 1977b, p.264）。

このようにミルは、性格形成のために欲望や衝動を陶冶することを奨めている。だが、欲望や衝動はそれ自身としては善にも悪にもつながりうるのであるから、それらが気高い性格の形成につながる必然性はないであろう。

そこで、ミルは、利己的な満足を求める欲望や自発性を献身と結びつけようとする。たしかに利他主義は最大幸福の倫理学にとっての目標である。しかし、そうした利他主義は、コントが考えるように利己的性向を弱体化させて義務に従わせるのではなく、「献身を楽しいものにする形態を取る」（Mill, 1969a, p.338）ことによって奨励すべきである。「なぜならば、各々の自己犠牲によって獲得される万人にとっての幸福という観念は、もしも自己否定が実際に犠牲と感じられているならば、矛盾だからである」（Mill, 1969a, p.338）。

このように、功利主義にとって、利他的な献身が自己犠牲と感じられるならば、それは本人の幸福を減少させることであるから、正しいとは言えない（馬渡, pp.354-355）。それゆえ、ミルの功利主義にとっては利他的な献身と個人の欲望の満足を両立させることが求められるし、実際にそのような両立は可能であると思われた。コントは、「他者のために生きる」ことを道徳の黄金律とし、利己的諸傾向を促進すると思われる自発性を義務のために制限すべきと考えている（Mill, 1969a, p.335）。それに対してミルは、「過剰になる場合は別として、楽しみを最大にする程度にまで利己的諸傾向を十分に満足させることは、慈悲深い感情に対してほとんど常によい影響を及ぼすと信じる」（Mill, 1969a, p.339）と言うのである。

もっとも、ミルによれば、他人の幸福と両立しえない情念あるいは性向も

たしかに存在する。それは「支配あるいは優越性それ自体への愛」（Mill, 1969a, p.339）である。たしかにこれらの性向についても、成人した大人の場合には、それが他人の法的・道徳的権利に対する明確な侵害にならない限りは、自由原理からみて許容されなければならない。しかし、教育に関しては別である。利他主義の直接的陶冶は義務に転換されるべきではないけれども、「個人的および集団的教育両方の主要目的の一つであるべき」であり、「生徒の自尊心と他人から尊敬されたいという願望とを人類（*Humanity*）に与えられる奉仕と結びつけるためには、いかなる努力も惜しまれてはならない」（Mill, 1969a, p.339）のである。

（2）道徳教育の方法

　以上のような道徳教育の重視にもかかわらず、ミルが社会の若い成員あるいは子どもに対してどのような道徳教育を行うべきであると考えていたかは定かではない。ミルは、観察と経験に信を置き、また実践的な主張のために経験的な証拠を求める実証主義者として、道徳教育の方法についても実証的な証拠を求めたであろう。

　この点について、ミルは、どのような道徳教育が人類の幸福を確実にもたらすかについての確信を持たなかったと思われる。リチャード・ウォルヘイムによれば、こうした確信のための前提として、ミルは発達心理学を持たなかったのである（Wollheim, 1991, pp.269–273）。だから、ミルは特に子どもや若い人々に対する道徳教育の確立に関しては、未来の人々に委ねざるをえなかった。「子どもや若い人々は、いつの日か再び組織的に克己（self-mortification）の訓練を受けるようになるであろうし、また古代と同様、欲望を統制し、危険に立ち向かい、自発的に苦痛を甘受する方法を、単純な訓練として教えられるようになるであろう」（Mill, 1969a, p.339）。

　とはいえ、ミルにとって、このような組織的な道徳教育の制度は、それと反作用する力が社会に存在する限り、その本来の目的を完遂することができない。前節で述べた利他主義の直接的陶冶は、世論・社会制度・宗教といった他の社会的要因と結びついて初めて最大幸福にとって効果があるのである。

　たしかに、子どもに道徳的な行為をさせるためだけならば、早い時期にお

46

ける刻印（impressions）は、賞金や賞罰、名誉の感情という外的動機に訴えて行為させる「外的制裁（external sanction）」と同様に有効な方法である。しかし、「まったく人為的に創られた道徳的連想は、知的な教養が進むにつれて、次第に分析の解体する力に屈する」（Mill, 1969d, p.230）。だから、教育によって植えつけられた（implanted）道徳感情が、それに対する違反を苦痛と感じさせる「内的制裁（internal sanction）」として、大人になってからもその人の精神の中でしっかりと維持されるためには、それが「自然な（natural）」ものでなければならない[10]。

　しかし、道徳感情が「自然な」ものであるとは、それが「生来のもの（innate）」であるとか、われわれの「本性（nature）」の一部であるとかいうことを必ずしも意味しない。「たとえ道徳感情が、私が信じているように、先天的なものではなく後天的なものであっても、そのためにこの感情が先天的なものよりも不自然だというわけではない」（Mill, 1969d, p.230）。たとえ多くの道徳的規則が後天的なものであるとしても、「同胞と一体でありたいという願望」（Mill, 1969d, p.231）は、人類の社会的感情の基礎として、そのような道徳的規則を自然なものにするのである。

　この願望は、進歩する文明の影響によって、「特別な教え込み（express inculcation）」をせずとも強くなる傾向にあると言われる（Mill, 1969d, p.231）。主人と奴隷の関係を廃棄した平等な人々の社会、すなわち万人の利益が平等に考慮されるという理解に基づいてのみ存続する社会では、「人々は、他の人々の利益をまったく無視した状態が自分たちにとって可能だとは考えられないようになる」（Mill, 1969d, p.231）。人々は、集団的利害を考慮することを覚え、自分の利害と他人の利害を一致させ、あるいは少なくとも他人の利益に対する強い関心を持つようになる（Mill, 1969d, p.231）。こうして文明化は、各人が他人を自分の成功のためには打ち負かすべき単なる競争相手と見なすことを不可能にさせ、自分の利益を全体の利益と調和させることを必然的にすることによって、利害の対立の源泉を取り除き、平等の意識を感じさせる傾向を起こさせるのである。このような文明化という条件の下で、人々は道徳規範を自然なものとして望むようになるのであり、「それは、教育の迷信としてでも社会の権力によって専制的に課された法としてでもなく、彼らに

とって、ないと都合が悪い属性として心に浮かぶのである」（Mill, 1969d,
p.233）。

　以上のようにミルは、法的・社会的な平等が人々の利他的な道徳感情を強
めると考えている。組織的な道徳教育の目的は、こうした政治的改善に宗教
や世論の力をも加えることによって達成されるというのである。

第6節　功利主義の条件としての教育

　ミルにおける功利主義と教育思想の関係は複雑であり、本章でそのすべて
を論じつくせたわけではもちろんない。しかし、少なくとも次の二点から、
教育がミルの功利主義の中核に位置することを確認することができた。

　第一に、教示による内面の陶冶は、功利主義の理想的形態が実現するため
の条件の一つであった。教示は、効用の判定者となる理性的な人間を形成し、
そのことによってある社会に自由原理を適用することをも可能にする。ミル
の功利主義は、自由原理に基づく社会、すなわち個々人が、他者に危害を及
ぼさない限りで自由に自らの個性を発揮できる社会を理想とする[11]。しかし、
この自由原理が効用と矛盾しないためには、社会の成員が、教示を通じて理
性的に行為しうる成熟（maturity）の状態にまで陶冶されていなければなら
ない。

　第二に、ミルは利他的感情の陶冶を、功利主義を正当化するための条件と
考えていた。もっとも、ミルは、このような利他的感情の陶冶を自発性や利
己的性向を麻痺させることによって行おうとは考えておらず、むしろそれら
を利他的感情と結びつけることを主張していた。このことから、『自由論』
での個性の開発と『功利主義論』での道徳感情の陶冶が矛盾しているように
見えるとしても、ミルにとって、個性の開発と道徳感情の陶冶は、教育を媒
介にすることによって調和できるのである。

　しかしながら、本章では、ミルが功利主義に導入した快楽の質や高次の快
楽に関する議論と教育思想の関係についてはまったくふれてこなかった。次
章では、この快楽の質や高次の快楽がどのようにミルの自由主義を正当化す
るのかという問題を考察する。

The Subjection of Women, 1869.

THE

SUBJECTION

OF

WOMEN

BY

JOHN STUART MILL

LONDON
LONGMANS, GREEN, READER, AND DYER
1869

『女性の解放』——フェミニズムの古典とも言える『女性の解放』は、ミルの功利主義が前提にある。つまり、ミルにとって、人間の幸福とは、人間がもつ高次の諸能力を行使することのうちにある。ミルが生きたヴィクトリア朝時代のイギリスの女性からは、高次の諸能力を発達させる機会が奪われているとミルには思われた。『女性の解放』は、そのことの不正を暴いたのである。福澤諭吉は、『学問のすゝめ』（1876）の中で、『女性の解放』に言及している。

第2章
ミルの功利主義による自由主義の正当化

第1節　功利主義と自由主義の矛盾

　ミルの思想体系の中で、功利主義と自由主義はいかなる関係にあるのかということは繰り返し問われてきた。たとえば、アイザイア・バーリン（1909～1997）は、ミルの自由主義は功利主義によってはほとんど正当化できず、仮にできるとしても、その功利主義はミル独自のものであり、ベンサムらの功利主義とはまったく共通点をもたないと述べている（Berlin, 1969）[1]。

　一方、ライアンによる新しい解釈は、ミルが『論理学体系』で述べた「生の技術」の三部門の区別を援用することによって、ミルの功利主義によって自由主義を正当化している（Ryan, 1987）。ミルによれば、人間の「生の技術」は「道徳」・「分別ないしは深慮」・「美学」に分けられ、これらに対応する価値は「正しさ」・「便宜」・「美あるいは気高さ」である（Mill, 1973–1974, p.949）。

　たしかに、これら生の技術の三部門は、幸福のみを本質的な価値とする功利主義に従属しており、幸福は、生の技術の三部門の各々がもつ固有の目的を追求することによってえられる。そして、これら三部門のうちで道徳だけが、自己の行為が他者の利益に直接的に関わる領域である。分別や美学に関する行為は、それが道徳に反しない限り、自分の関心事である。このような生の技術の三部門の区別を『自由論』における自由原理と対応させるならば、自由原理は道徳の下位部門である「正義」の原理の一つと見なされることになる。自由原理は、他者に危害を及ぼす行為を規定することによって、分別と美学に関わる行為を「自分のことに関わる」領域、つまり本人の意志に反

した干渉を排すべき自由の領域として保護しようとするのである。

このように自由原理を生の技術の三部門と結びつけるライアンの解釈の意図は自由原理を正義の原理として提示することにあった。そのため、彼は分別と美学の部門を主題的に論じているわけではない。しかしながら、『自由論』におけるミルの個性の発達に関する議論を考慮に入れるならば、ミルが自由原理を導入する意図が、単に他の人に危害を及ぼす行為を禁止するという消極的な目的に限定されているわけではないことがわかる。すなわち、ミルにとって、他者に明白な危害を及ぼす行為以外の行為について個々人に自由を与えることは、各人が自分自身で立てた理想像に従って自己の性格を形成する自由を保障するためなのである。それゆえ、ミルが自由原理を主張する背景には、人間にとっての「完全性（perfection）」の基準を定める美学の問いがあり、また、その完全性に向けて自己の性格を陶冶すべきという「自己発達（self-development）」の主張がある。そして、美学と「自己発達」に関する主張を支えているのは、ミル独自の功利主義、すなわち幸福としての快楽には量とともに質の区別があり、しかも、質の観点からして優れた快楽があるとする功利主義である。

とはいえ、ここで一つの疑問が生ずるかもしれない。仮にすべての人が美学の定める完全性の基準をめざして性格を陶冶すべきだとするならば、なぜそのことは「自己発達」の問題とされなければならないのか。言い換えれば、なぜ人は他者の自由に干渉することによって、完全性に合致する行為を強制してはならないのか。もしも人々が完全性の基準について合意しうると仮定し、またその完全性に合致した行為が誰にとっても高次の快楽をもたらす傾向にあるとすれば、他者を本人の意志に反して強制してでも完全な状態へと導くことを否定すべき理由は何もないはずである。そうなると、ミルの美学や高次の快楽に関する主張は彼の自由主義を掘り崩す可能性がないであろうか。そこで、本章ではこの問いを考察したい。すなわち、ミルの質的功利主義は彼の自由主義を正当化しうるのか、また、正当化しうるとすればいかにしてか。本章で明らかにすべき問いはこれである[2]。

ところで、上の問いは教育思想の観点からは次のように言い換えることができる。すなわち、なぜ人間は「美学」が規定する目的に向けて性格や能力

を発達させることを求められるのか、そして、なぜこの発達は「自己発達」でなければならないのか。この点で、ミルの功利主義と自由主義の関係を問うことはまた、ミルにおける発達論の位置づけを明らかにすることでもある。

　第1章では、ミルの功利主義が要請する教育目的と自由の関係を考察したが、そこでは高次の快楽と自由の関係については論じなかった。それゆえ、ミルの質的功利主義がなぜ「自己発達」を要請するのか、ということはまだ明らかにされていない。本章では、この問いに答えることを通じて、ミルの教育思想の一側面を描き出したい。

第2節　快楽の質

　ミルの質的功利主義は彼の自由主義を正当化しうるのか。この問いに答えるためには、快楽の質とはいかなるものなのか、そして、諸々の快楽のうちで質の高い快楽があるとはいかなることなのか、をまず明らかにしなければならない。ミルによれば功利主義の生の理論は次のことを主張する。

　　　快楽と苦痛からの自由とが目的として望ましい唯一のものであること、そして、（他のどんな体系とも同様に功利主義体系においても数多くある）すべての望ましい物事は、それ自身に内在する快楽のために望ましいか、あるいは快楽を促進し苦痛を阻止する手段として望ましいかのいずれかであるということ（Mill, 1969d, p.210）。

　つまり、あらゆる人生と行為は、目的としてそれ自体望ましいか、あるいはその目的の手段であるかのいずれかである。

　ミルはこのように功利主義の生の理論を公式化した後で、快楽の質と量に関する区別を導入する。この区別によってミルは、「諸苦痛も諸快楽も同質のものではないし、苦痛はつねに快楽と異質のものである」（Mill, 1969d, p.213）と言うことができる。しかし、ミルが快楽の質の観点を導入するのは、諸々の快楽や苦痛はそれぞれ異質のものだということだけでなく、諸々の快楽の中には他の快楽よりも種類において望ましいものがある、つまり質の高

い快楽があるということを主張するためでもある[3]。

　では、快楽の質が高いとはどのようなことなのか。快楽の質が高いとは、ある快楽が、量（激しさや持続性）の大小に関係なく、別の快楽よりも価値があるということである。ここで価値があるとは、ある快楽が別の快楽にとって手段となるという意味で価値があるのではなく、ある快楽そのものが内在的に価値をもっているということである。言い換えれば、この快楽は目的それ自体として望まれる快楽である。

　しかし、ミルはこのような内在的に価値の高い快楽の一覧表を明示しているわけではない。たしかに、ミルは知性の快楽、感情と想像力の快楽、道徳感情の快楽といったものを高次の快楽としてあげている。しかし、ウェンディ・ドナーによれば、ミルのこうした言及は、価値のある満足に関する恒久的な実例を提供していると見なされるべきものであり、決してそれ以上のものと見なされるべきではない（Donner, 1998, pp.268-269）。ドナーは、人間の判断の可謬性と進歩に関する認識のために、ミルは高次の快楽に対する絶対主義的なアプローチから免れていると言う（Donner, 1998, pp.270-271）。したがって、高次の快楽の選択規準は手続き的なものであらざるをえない。ミルにとって、ある快楽の質の高さは、人々が実際に質が高いと見なすということによってしか示せない。

　とはいえ、何が高次の快楽であるかということが人々の実際の判断に依存しているということはたしかだとしても、高次の快楽に関する判断の性質については相反する二つの解釈が許されているように思われる。一つには、高次の快楽に関する判断は具体的な状況における特定の判断であるというものであり、もう一つは、高次の快楽の判断は辞書的な優越に関する判断であるというものである。

　これらの二つの解釈をめぐっては、ミルが高次の快楽に関する判断について次のように述べていることが重要である。ミルは、なんらかの二つの快楽の両方を熟知している経験者が、一方の快楽を選ぶべきだという道徳的義務感とは関係なしに、その快楽がどれだけ苦痛を伴うとしてもそれを放棄しようとせず、また他方の快楽の量をどれほど与えられたとしても一方の快楽を放棄しようとしないならば、一方の快楽を高次の快楽と見なしてよいと言う

(Mill, 1969d, pp.211-213)。ここで重要なのは、ある快楽をそれと比較される
もう一方の快楽のいかなる量と引き換えにしても放棄しようとしないという
ことによって、その快楽が高次のものであると示されることである。H.R.ウ
ェストによれば、「ある人がもう一方のいかなる量と交換してもそれを放棄
しようとしないかどうか」ということは、「ある人があらゆる選択の機会に
『高次の』快楽を選択するかどうかと尋ねること」とはまったく別の問いで
ある（H. R. West, 2004, p.64）。たとえば、ある人が詩はプッシュピン遊びよ
りも質が高いと認める場合、その人がつねにプッシュピン遊びよりも詩を選
択するということと、プッシュピン遊びのいかなる量と引き換えにしても詩
のある生活を放棄しようとしないということは別である。

　このことからして、ミルが高次の快楽ということによって言おうとしてい
るのは、特定の場面での判断よりは辞書的な優越のことであると思われる。
実際ミルは、「高次の快楽をもちうる多くの人々が、誘惑の影響の下に、と
きに高次の快楽を低次の快楽よりも後回しにするということ」は、「高次の
快楽の本質的な優越に対する十分な評価とまったく両立する」（Mill, 1969d,
p.212）と言っているのである。したがって、ある特定の場合には低い快楽を
選択することがあるとしても、全体として、他方の快楽のいかなる量と引き
換えにしても一方の快楽を失うことに同意しないならば、それは高次の快楽
である。

　一方、ドナーは、ミルによる高次の快楽の判断が辞書的な優越に関するも
のであるという見解に対して、そのような絶対主義的なアプローチは「必然
的な例外の食い物とされる運命にある」（Donner, 1998, p.270）と主張してい
る[4]。たしかに、ドナーの言うように、高次の快楽の一覧表を実際の経験と
切り離してあらかじめ固定することは、人間性の進歩的次元と可謬性を認め
るミルの立場からして認められるものではない。しかし、同時に、教育と社
会環境の一定の条件に応じて高次の快楽に関する一般的な序列が存在するこ
とは、高次の快楽の判断に関して特定の場合に例外が存在することと矛盾し
ないと思われる。

　ところで、ウェストは、ある快楽を他方のいかなる量と引き換えにしても
放棄しようとしないかどうかと問うことが、高次の快楽の優越を示すよりも、

却って低次の快楽を優先させることになるのではないか、と指摘している（H. R. West, 2004, p.65）。つまり、放棄しようとしないかどうかという規準で快楽の質の優越を考えれば、ミルが高次の快楽として想定している精神的な快楽よりも身体的ないし感覚的な快楽が選択されることになりうるのである。この指摘はある意味では正しい。というのは、生存にとっての直接的な必要性と関わらない精神的な快楽よりは、生存に必要な価値をもつ快楽のほうが「緊急性（urgency）」の点で優先されることはほとんど自明だからである。この点では、ある快楽を放棄しようとしないということによって快楽の質を判断することが、緊急性の高さを問うているのではないことを明確にする必要があろう（Scanlon, 1975, pp.658–660）。

　さらに、ある快楽をもう一方の快楽のいかなる量と引き換えにしても放棄しようとしないかどうかという規準で問うことが、特定の場面における個々の快楽の優越を問題にしているのではないことは、質をテストしたり質と量を比較したりする際の条件として、ミルが比較される二つの快楽を経験する機会だけでなく、自己意識と自己観察の習慣を加えていることから明らかである（Mill, 1969d, p.214）。ミルは、「人間は動物の欲求よりも高い能力をもち、一度そうした能力が意識されたならば、その能力の満足を含まないようなものは幸福と見なさない」（Mill, 1969d, pp.210–211）と言う。

　しかし、ここで言われているのは、高次の諸能力から引き出される快楽がそれ自体として高次のものであるということではない[5]。高次の諸能力が高次のものと認められ、また、その高次の諸能力に由来する快楽が高次のものであるのは、人間が自分自身の能力を意識した際に付随する「尊厳の感覚（sense of dignity）」と関係している。ミルによれば、「尊厳の感覚はすべての人間がなんらかの形で所有しており、彼らの高次の諸能力と決して正確にではないが、ある程度比例して所有しているものである」（Mill, 1969d, p.212）。

　こうして二つの快楽を比較する際に自己意識をもつことが条件とされるならば、そのとき選択されるものは特定の場面における個々の快楽でないことは明らかであろう。尊厳の感覚と矛盾しない快楽が選択されると言われるとき、単に人間の高次の諸能力の満足が高次の快楽であるということではない。むしろ人間は、尊厳の感覚をもつがゆえに、ある快楽や苦痛を個々に判断す

るよりは、自分自身にとって望ましい自己像と照らして高次の諸能力を行使
させる生活様式を選択するであろう。それゆえ、この選択にはウェストの言
う「「二次」の快楽（"second order" pleasure）」に対する判断が含まれている
（H. R. West, 2004, pp.66-67）[6]。つまり人間は、詩そのものを楽しむだけでなく、
詩を読むことのできる自己をも楽しむのである。ミルは、享受能力の低い存
在がその能力を満足させる機会に困ることはないのに対して、高い能力を与
えられた存在は、その時々の世界の中で期待できる幸福をいつでも不完全な
ものと見なすと言う（Mill, 1969d, p.212）。この不満足はその存在が自身にと
って望ましい自己像を所有していることを前提としていると言えよう。

　このようにミルは、二つの快楽を比較する手続きに基づいて、人間に特有
である高次の諸能力から引き出される快楽が選好されるであろう、と想定し
ている。もちろん、このような快楽が高次の快楽であるかどうかは、ミルの
提案する手続きに基づいて実際にそれが選択されるかどうかにかかっている。
しかし、そのような快楽が選択されるということはミルの実質的な想定であ
る。この想定はミルの他の主張を支える前提となっているがゆえに、無視す
ることはできない。

第3節　快楽の質と美学

　以上のような快楽の質の観点の導入、さらに諸々の快楽の中には高次の快
楽があるという主張は、生の技術の三部門のうちの美学の問題に直結してい
る。というのも、ミルは、二つの快楽と生活様式とを比較する際に、「その
道徳的属性とその諸帰結」については考慮しないことを条件としているから
である（Mill, 1969d, p.213）。ここで、行為の道徳的属性に関する考慮は生の
技術の三部門のうちの道徳に属し、行為の諸帰結に関する考慮は分別に属す
る。したがって、これらを考慮しない判断、すなわちある快楽が目的として
ふさわしいかどうかに関する判断は美学に属するものと見なすことができる。
ミルは「ベンサム論」（1838）の中で、ベンサムがなんらかの理想的目的を
それ自体のために欲することをまったく認めないことを批判している（Mill,
1969b, p.95）。そして、ミルが理想的目的の例としてあげるものは、「名誉と

人格の尊厳の感覚、……美への愛、あらゆる事物の秩序・一致・調和への愛と合目的性への愛」（Mill, 1969b, pp.95-96）などである。これらの例が「美」や「気高さ」に関わることは疑いないと思われる。

　これらの理想的な諸目的のうちで、性格の気高さは一つの目的である。というのは、『論理学体系』でミルは、意志と行為を理想的な気高さにまで陶冶することは個々の人間にとって目的であり、その目的が自分自身や他の人の特殊な幸福の追求と矛盾する場合には、前者の目的が優先されなければならないと言うからである（Mill, 1973-1974, p.952）。このようにミルは特殊な幸福の追求を犠牲にして気高い性格の陶冶を優先すべきであると主張する。その際、気高い性格を構成する幸福と、その陶冶のために犠牲にされる特殊な幸福との間に質の区別が存在していることは言うまでもない。

　もっとも、ミルは、このような気高い性格やある理想的な目的が最初から内在的な価値をもっている必要はないと考えている。ミルは、意志について論じる箇所で、「われわれはだんだんと、連合の影響を通じて目的を考えることなしに手段を欲するようになる」（Mill, 1973-1974, p.842）、と述べている。そして、このようにして目的としての快楽を参照することなしに手段としての行為を意志する習慣は「意図（purpose）」と呼ばれている。そして、このような意図が、そのもともとの由来である快楽や苦痛から独立しているとき、「確立した性格（confirmed character）」をもつのだと言われている（Mill, 1973-1974, p.843）。また、ミルは『功利主義論』でも、高次の快楽がもともとは手段としての価値をもっていた可能性を指摘している。ミルによれば徳は初め幸福の手段であったが、目的としての幸福と結合することによって、それ自身幸福を構成する主要な要素となったのである（Mill, 1969d, pp.236-237）。

　こうして見れば、ある快楽が単に別の快楽のための道具的価値として追求されることと固定した諸目的として追求されることの違いは、ウォルヘイムが指摘するように、発達論的な観点から捉えることもできる。「大雑把に言えば、高次の快楽と低い快楽がともに快楽の種類であるのは、どちらも人間の心理的発達の異なったレベルで等価であるような機能を果たしているからである」（Wollheim, 1991, p.272）。

　このように、ミルはある理想的目的が他のなんらかの快楽の手段である可能性を否定しない。ミルが一見すると矛盾していると思われるこの二重性を維持できているのは、知性と想像力との区別によってであると思われる。ライアンが言うように、ミルにとって、道徳や分別に関する判断には計算、すなわち知性がふさわしいけれども、美的な判断は「想像力が扱うべき事柄、つまり計算の問題ではなく、生を一定の仕方で描こうとするという問題」（Ryan, 1987, p.216）なのである。ミルは、死後出版された「有神論」（1874）で、人間の卓越性が想像力の行使に大きく依存することを説きつつ、理性と想像力の双方を適切に訓練すべきことを主張している。

　　　理性が強力に陶冶されるならば、想像力は、理性によって外界の境界の周囲に立てられ保持されている防壁を信頼しつつ、その砦の内部で安全に自分の目的に従い、生を楽しく美しいものにすることに最善をつくすことができる（Mill, 1969c, p.485）。

　このようにして一方である理想的目的を描くことが想像力の問題とされるならば、知性はもう一方で行為の道具的な価値を問うことができる。

第4節　高次の快楽と自由主義の正当化

　これまで快楽の質と美学に関するミルの見解を見てきた。では、これらの見解はミルの自由主義を正当化しうるであろうか。
　既に見たように、高次の快楽は高次の諸能力から引き出される快楽であるというのが、ミルの実質的な想定であった。これについてジョン・スカラプスキーは、「ある人の潜在能力の完全な発達だけが、人間的幸福の最高の形態へと到達させる」（Skorupski, 2007, p.27）ということを「ミル的原理」（Millian principle）と呼んでいる。そして、潜在能力の発達のためには自由が必要だということは、ミルが自由主義を擁護する議論の一つである[7]。スカラプスキーによれば、人間は「彼らが自由であるときにのみ、自分たちを発達させることができるから」（Skorupski, 2007, p.18）、この潜在能力の発達のた

めに自由を必要とするのである。ここでの自由は選択の自由である。

　では、なぜ諸能力の発達のために自由が必要なのか。これについてミルは『自由論』で次のように述べている。「知覚、判断力、識別感覚、知的活動という人間の諸能力、さらには道徳的選好ですら、選択を行うことによってのみ訓練される」のであり、また、「自分の人生計画を自分で選択する人こそ、その人のすべての諸能力を使用するのである」（Mill, 1977b, p.262）。

　ここで高次の諸能力の発達の条件は「自発性」である。それゆえ、仮にすべての人がプッシュピン遊びよりも詩を選ぶとしても、それを理由に詩を強制することは正当化されない。その選択を自分自身で行うかどうかが重要なのである。

　質的功利主義によって自由が正当化されるのは、このように自発性が個々人の潜在能力を発達させるからということにつきない。個々人が自身の潜在能力を発達させることによって高次の幸福の形態へと至るためには、その人は自分の能力を発見しなければならない。そして、個々人が自らの能力を発見するためには、自身の能力を試す自由がなければならない。つまり、「生の多様な実験」（Mill, 1977b, p.261）が必要なのである。ロールズは、ミルによる自由の正当化の議論にふれながら、「たとえ人間の一般的能力が知られるとしても（実際はそうではないが）、各人はやはり自分自身を見出さなければならず、そのためには自由は必要条件である」（Rawls, 1999, p.184）、と述べている。

　さらに、個々人にとって諸能力は単に与えられたものではなく、発達させうるものでもある。ある人は、自分自身を見出すために、その時々の快楽に限定されないなんらかの理想的目的や望ましい自己像を描くことができる。この点で、ある人の諸能力とその人にとっての望ましい自己像の間には相互作用がある。というのは、個々人が自分の理想的目的を追求するには一定の高次の諸能力を前提とするが、その高次の諸能力はある理想的目的を追求することによって発達しうるからである。

　では、以上のような議論がなぜ自由主義を正当化しうるのか。なぜ人は他者からある理想的目的の追求を強制されてはならず、なぜ人は自分自身で自分の能力を見出さなければならないのか。このことを主張する際にミルが訴

えているのは、先述した自発性とともに、「真正さ（authenticity）」の感覚であると思われる[8]。真正であるとは、ミルの観点では自分の願望に対して誠実なことであると定義してよいであろう。とはいえ、この「真正さ」の感覚に訴えることによってミルが守ろうとしているものは、本能や生得的な能力では必ずしもない。

　ジョン・デューイは、ミルが「個々人の間に差異を生み出す「環境」の効果を重視していた」一方で、「社会的な組織や制度は、外部から作用する事物、つまり個々人の内的な性質や成長の重要な要素とはならない事物として考えられていた」（Dewey, 1987, p.30）と述べている。デューイによれば、ミルは、「社会状態に入る以前に個人が存在するという自然状態の観念に固執しているということはおそらく否定したであろうが、彼は実際には、その学説の心理学的翻案を与えているのである」（Dewey, 1987, p.31）。たしかに、「人間性は、模型に従って組み立てられ、指示された仕事を正確にやらされる機械ではなくて、自らを生命となしている内的諸力の傾向に従ってあらゆる方向に自らを成長させ発達させるよう求める樹木なのである」（Mill, 1977b, p.263）というミルの言明は、生得的な諸能力に訴えているようにも思われる。

　また、ミルは『女性の解放』で、「女性はこれまで、自発的な発達に関する限り非常に不自然（unnatural）な状態に抑えつけられてきたので、女性の性質は非常に歪められ、偽装されたものとならざるをえなかった」（Mill, 1984b, p.305）と言うので、ミルがもっぱら生得的な諸能力や性格に訴えているように聞こえるのもたしかであろう。しかし、そうなると「人間性のうちで尊敬すべき属性のほとんどすべては本能の結果ではなく、本能に対する勝利の結果である」（Mill, 1969c, p.393）という記述を適切に解釈できなくなる。

　こうした誤解が生じてくる原因の一つに、ミルが用いている「自然」概念の多義性がある。そこで、上述の誤解を解消するために、ミルの「自然」概念を整理する必要があろう。ミルは、「自然論」の中で、「自然」の諸々の意味を区別しつつ、「人為」と区別された意味での「自然」に人間の卓越性の基準を見出すことは誤りであるとしている[9]。この主張の背景には、「理性を犠牲にして本能を賛美するという、……近代世界では非常にありふれた感情の傾向」（Mill, 1969c, p.392）に対するミルの危機感がある。たしかに、「もし

も……すべての徳の萌芽は人間本性の中に存在しなければならないと言われるならば、そうでなければ人類はこれらの徳を獲得できないであろう」（Mill, 1969c, p.396）と言われるように、能力そのものはすべてなんらかの点で生得的なものを含んでいることはたしかである。しかし、すべての諸能力は、「実現されるために、きわめて人為的な訓練に依存している」（Mill, 1969c, p.393）。

　それゆえ、ミルが訴えているのは「人為」と区別された意味での「自然」ではない。「自然論」での論述によれば、人々が用いている「自然」の意味のうちで称賛されうるのは次の二つである。第一の意味は、「自然」が「見せかけがないことを示す」（Mill, 1969c, p.400）、つまり欺瞞ないしは自己欺瞞がないことを示す場合である。これは「誠実（sincerity）」（Mill, 1969c, p.400）という資質で言い換えることもできる。第二に、ある人の行為や態度が、単に一時的なその場しのぎやその人の通常の性格と反したものではなく、その人の「習慣的な性格から期待される結果」（Mill, 1969c, p.400）である場合に、その行為や態度は「自然」と呼ばれる。

　このようにミルは、「人為」と区別された意味での「自然」を否定的に捉えつつ、それ以外の二つの意味については称賛しうるものと捉えている。このことは、たとえば『功利主義論』の次の記述からも知ることができる。ミルは、道徳的能力の発達について述べつつ、次のように言っているのである。

　　　たとえ道徳感情が、私が信じているように、先天的なものではなく後天的なものであっても、そのためにこの感情が先天的なものよりも不自然だというわけではない。話したり、推理したり、都市を建設したり、土地を耕したりするのは後天的能力であるが、人間にとってどれも自然なことである（Mill, 1969d, p.230）。

　したがって、デューイは、ミルが個々人の結合の法則とは独立した心理学的法則を想定しており、「個々人は成熟した（full-blown）心理学的・道徳的本性をもっている」（Dewey, 1987, p.31）ことを含意していると述べているが、これは誤解であると言わなければならない[10]。

　それゆえ、個性とそれに対する「真正さ」の感覚と言われるとき、真正と思われる個性は環境の影響を受けて獲得されたものであろう。この個性は、意図的な人間形成である狭義の教育によって形成されるとともに、広義の教育、すなわち法律や社会生活の諸様式などによって「性格と人間の諸能力とに与えられる間接的な効果」をも含めて、「人間を形成するのに役立つものすべて、つまり個人を現在の姿にし、現在とは異なる姿にさせないようにしているもの」(Mill, 1984a, p.217) によっても形成されるものであろう。

　こうしたミルの教育論は、村井実の「生産モデル」と「農耕モデル」の区別で言えば、どちらにあたるであろうか（村井, 1988)。先に引用した樹木の比喩は明らかに農耕モデルである。しかし、農耕モデルは、ミルが環境の影響を強調することと矛盾しない。というのは、樹木がそうであるように、能力や才能は環境の影響次第で枯れてしまうからである。その一方で、ミルの教育論には農耕モデルを逸脱している部分もある。というのは、個人の性格の内容は環境から取り入れたものでありうるからである。この場合、ミルが樹木の比喩で強調しているのは、個人の内的な諸力の発揮を抑えるべきではないということであり、個人が環境から何も取り入れてはならないということではない。

　では、「真正さ」ということによって、ミルは一体何を守ろうとしているのか。個々人は、その人の経験と環境、およびその人が受けた教育によって現在のその人の姿となったとしても、既に理想的な自己像をもっているはずである。そして、各人に対して自身の理想に従った自発的な「自己発達」を許容することは、社会がその人の人生計画すべてを決定するよりも、本人にとって質と量の両面で豊かな幸福をもたらすであろう。たとえこの幸福が、多くの場合、ある人が自身の目的を追求することの結果であるよりは、目的を追求する過程からえられるものであるとしても、である。それゆえ、ミルが擁護しようとしているものは、人は自分の性格の中に自分自身の願望をもっていながら、慣習のゆえに自己主張を制限されている人々の願望である。

　こうしてミルが「自由原理」によって「自分のことに関わる」領域を確保しようとするのは、それによって「自己発達」の可能性を保護するためである。もちろん、個々人が所有する理想的目的が人々の数だけ多様であるとい

うことではないであろう。個々人の目的の多様性は個々人の単なる生来の多
様性と同義ではないから、歴史的・進歩的次元をも含めて考えるならば、い
つかは目的についての合意がえられるかもしれない。しかし、われわれ人間
が可謬的な存在である以上、さしあたっては、奇矯な性向もそれが正義に反
しない限りは否定すべきでない。このことゆえにミルは、「自己に対する義
務」という観念が、個々人の「自分のことに関わる」領域に対する干渉を正
当化しうることを危惧して次のように述べている。

　　　いわゆる自己に対する義務と呼ばれるものは、事情によってそれが同
　　時に他者に対する義務とならない限りは、社会的に義務的なものとはな
　　らない。自己に対する義務という言葉は、それが単なる分別以上のもの
　　を意味する場合には自己尊重ないしは自己発達を意味するのであるが、
　　これらについては誰も同胞に対して責任を負っていない。なぜならば、
　　これらについては誰も同胞に対して責を負わないことが人類の利益とな
　　るからである（Mill, 1977b, p.279）。

　とはいえ、ある理想に傾倒している人は、その理想を他者にも伝達したい
と欲するであろう。ミルは、他者から理想を伝えられることと自分自身で理
想を選択することの矛盾を、説得と強制の区別に訴えて解決している。ある
理想を他者に伝えることは是認されるが、それは威圧的な手段に訴えてなさ
れるべきではないのである。『自由論』でミルは、ある強力な天才が他者を
強制してある理想を押し付けることを称賛する「英雄崇拝」を批判しながら、
「彼が要求できることのすべては、道を示す自由のみである」（Mill, 1977b,
p.269）と主張している。
　ところで、道徳はもちろん分別や美についても、道を示すことは単に是認
しうるだけではなく、むしろ称賛すべきことでもある。というのは、先述し
たようにミルは真正さについて生得的なものに訴えているのではないのであ
り、教育や価値伝達は自発性と両立する限りで自己発達の可能性を広げるも
のと捉えられるからである。

　　人間は、自分たちの高次の諸能力をますます行使するように、また自
　　分たちの感情と目標を、愚かな対象や計画ではなくて賢明なものへ、堕
　　落したものではなくて高尚なものへとますます向けていくように、絶え
　　ず互いに励まし合うべきである（Mill, 1977b, p.277）。

　その際、他者から忠告あるいは説得される本人は害されたと感じるかもし
れないが、ミルによればこれは強制にはあたらず、人が甘受すべき唯一の迷
惑なのである（Mill, 1977b, pp.278-279）。

第5節　自由主義の躓きの石

　以上の議論から、たとえミルが質的功利主義によって理想的な価値の追求
を奨励しているとしても、そのことが自由への干渉を正当化しないというこ
とは示されたと思われる。それゆえ、ミルがプッシュピン遊びよりも詩が質
的に優れていると想定していることはたしかだとしても、このことが権威主
義的な結果をもたらすというG.W.スミスの見解は誤解を招くものだと言わ
ざるをえない（Smith, 1991, p.256）。というのは、高次の快楽の判断は自由な
環境の下で各人の諸能力を発達させた人々が行うべきものであって、あらか
じめ詩を強制すべきということではないからである。
　とはいえ、同時にスミスのこの指摘は、ミルの自由主義が子どもの教育に
関わる際の難問を示しているとも言えよう。というのは、高次の快楽を判断
しうるための諸能力の発達は一定の教育を前提としているように思われるか
らである。この点では、ミルが自由原理の適用を成人に限っていたことが想
起されるであろう。だが、自己発達の条件が自由であるならば、なぜ子ども
には大人と同じ程度の自由が与えられてはならないのか。自由主義一般と同
様、自己発達によって自由を正当化するミルの自由主義にとっても、子ども
の教育は躓きの石なのであろうか[11]。
　ここでは、ミルが子どもに対して大人と同じ程度の自由を認めない理由が、
専ら生の技術の三部門のうちの道徳と分別にあることに注意すべきである。
たとえば、他者に危害を加えないという最低限の規範を守らせるための道徳

的訓練は、当人の意志に反してでもすべての子どもに要求されるし、利他主義や慈善などのより高次の道徳的習慣を養うことも奨励される。また、子ども自身にとって将来の利益となりうる分別のある行為をさせるためには、理性の陶冶が正当化される。

　しかし、ミルの観点では、美学については、子どもの意志に反してまで強制すべき基準は見当たらないのである。もっとも、このことによって、子どもの感情や感受性を育もうとする大人の教育的努力が否定されてしまうわけではない。というのは、既に述べたように、ミルが守ろうとしているのは「真正さ」であって、本能や生得的な能力ではないからである。つまり、子どもが自発的に追求する価値や理想が、子どもの外部から与えられるということは十分にありうるのである。しかし、子どもに価値や理想を外から与えることと、子どもに対する美的基準の強制を正当化することとは別ではないのか。言い換えれば、なんらかの美的基準に向けて鼓舞し教育することと、その基準を強制することは別ではないのか。そこで、この問題を検討することが次章の課題となる。

　次章では、道徳・分別・美学の三部門のそれぞれと教育の強制あるいは正当化の問題を扱う。

Considerations on Representative Government,
1861.

```
CONSIDERATIONS

ON

REPRESENTATIVE GOVERNMENT

BY

JOHN STUART MILL.

LONDON
PARKER, SON, AND BOURN, WEST STRAND
M DCCC LXI.
```

『代議制統治論』 ―― 『代議制統治論』については、本書のテーマから外れるので、本書ではほとんど取り上げていないが、この著作には豊かな教育思想が含まれている。ただし、その教育思想とは、学校教育に関するものではなく、もっと広い人間形成に関するものである。『代議制統治論』の主要な問いは、どのような政治制度・社会制度が人間の進歩を可能にするのかということである。こうした問いはジョン・デューイなどに引き継がれたが、進歩主義的な歴史観が懐疑にさらされることによって、古めかしい問いになってしまった。

第3章

「生の技術」の三部門による教育の正当化

第1節　教育の正当化と自由主義の限界

　前章では、ミルの高次の快楽に関する主張が彼の自由主義を正当化していることを明らかにした。しかし、前章の最後で見た通り、だからと言って、子どもは大人と同様の自由を与えられるというわけではなかった。そこで、本章では、ミルの功利主義と教育思想の関係を検討することによって、自由の限界に関するミルの見解を明らかにする。

　価値が多元化している現代にあっては、一つの政治社会の中で、人々が掲げる生の目的や理想は互いに相容れず、抗争しあっている。人々が掲げる生の目的のこうした多元性をそのまま事実として受け入れつつ、そこから人々が個々人の生の目的に対して互いに寛容であるべきだという理念を導き出す自由主義は、現代の教育実践や教育制度を構想する上で一つの有力な理論であると言えよう。

　しかし、人々の生の目的の多元性を無条件に認めてしまうと、ある社会の中で、社会の未成熟な成員をなんらかの教育目的に向けて教育することを正当化するのは難しくなる。たとえば、教師が掲げる教育目的と子どもの現在の欲望が対立するとき、教師は子どもの現在の欲望に対して寛容であるべきであり、子どもに教育目的を強制すべきではないという主張が成り立ちうるからである。

　このように自由主義において教育目的の正当化は一つの難問であり続けているが、自由主義の古典的な理論家の一人であるミルは、子どもを自由原理

68

の適用外とすることによって、上述の難問を回避している。自由原理とは、ミルが『自由論』で提出したものであり、他者に干渉してよいのは本人の自己防衛の場合のみであり、他者の利益を目的にして干渉してはならないとする原理である。ミルはこの原理によって、大人の場合には、たとえ奇矯に見える行為であっても、他者に危害を及ぼさない限りその行為に介入してはならないと述べて、個性の尊重を唱えている。だが、ミルはこの原理を子どもには適用していない。

　しかしながら、なぜミルは自由原理を子どもには適用していないのか。その理由を『自由論』での論述だけから読みとるのは困難である。というのは、子どもに自由原理を適用すべきでないのは、個人と社会の利益のためには教育が必要であるという功利主義的根拠が前提となっているからである。また、大人の場合ですら、個性が尊重されるべきであるのは、ミルが個性は幸福の主要な源泉であるという功利主義的な理由に依拠しているからである。

　それゆえ、ミルの自由主義における子どもの教育の問題を明らかにするためには、ミルの功利主義と自由主義の関係を明らかにしつつ、そこでの教育思想の位置づけを明確にしなければならない。では、ミルの功利主義、自由主義、教育思想という三者の連関を理解するために重要な著作は何かと言えば、『功利主義論』、『自由論』とともに『論理学体系』であろう。『論理学体系』は、道徳的・社会的存在としての人間に関する科学的法則を探究する道徳科学の方法論とともに、そうした道徳科学が人間の生の目的とどう関わるかをも扱っている。そこでミルは、生の領域を「道徳」・「分別ないしは深慮」・「美学」の三つに分けつつ、それらに対応する「正しさ」・「便宜」・「美あるいは気高さ」の三つの目的とその手段からなる「生の技術」という概念を導入している（Mill, 1973-1974, p.949）。それゆえ、たとえ功利主義が幸福を追求すべき唯一の目的としているとしても、幸福の内容は、「正しさ」・「便宜」・「美あるいは崇高」というそれぞれ固有の目的に応じて理解されなければならないのである。

　前章でも述べたように、ライアンは、この生の技術の三部門の区別を援用しつつ、「道徳」・「分別ないしは深慮」・「美学」という生の技術の三部門のうち、道徳のみが強制の領域であり、分別や美学は自由の領域に属するとい

う主張をミルのうちに見出すことによって、ミルの自由主義は彼の功利主義
によって正当化されるとしている（Ryan, 1987）。つまり、道徳は「他者に関
わる（other-regarding）」領域であるがゆえに他者から強制されるべき行為で
あるが、分別と美学については他者から強制されるべきではないということ
である。

　しかし、ミルは子どもを自由原理の適用対象外としているのだから、分別
や美学について子どもが他者から干渉されるべきでない、ということには必
ずしもならないであろう。とはいえ、ライアンの考察は成人を対象とした政
治哲学に限定されており、生の技術の三部門とミルの教育思想の関係につい
てはほとんどふれられていない。他のミル研究者も、生の技術の三部門と教
育思想の関係についてはこれまで論じてこなかった。そこで、生の技術の三
部門が要請する教育思想がどのようなものであり、また、その教育思想がい
かにして子どもに対する自由原理の制限を正当化するのかを問うことが、本
章の課題となる。

　本章では、まず、生の技術の三部門とは何かを明らかにする（2節）。第
二に、ミルの功利主義に関する「規則功利主義（rule utilitarianism）」と「行
為功利主義（act utilitarianism）」の解釈を比較検討することを通じて、ミル
の功利主義が道徳については規則功利主義であること示すとともに、規則功
利主義が適用されるのは、生の技術の三部門のうちの道徳の部門に限られる
ことを明らかにする（3節）。それによって、第三に、自由原理は規則功利
主義が適用される道徳規範であることを明らかにしたうえで、自由原理が正
当化されるのは、生の技術の三部門のうちの分別と美学に基づくことを明ら
かにする。ここではまた、子どもが分別の観点ゆえに自由原理の適用外とな
ることを示す（4節）。第四に、生の技術の三部門と対応する知的教育、道
徳教育、美的教育の三部門の内容を明らかにする（5節）。そして最後に、
以上の考察を踏まえ、ミルの教育思想が生の目的の多元性を擁護する自由主
義と矛盾しないかどうかを考えたい（6節）。

第2節　生の技術の三部門

　ミルの倫理学や政治哲学をめぐって最も多く議論されてきたのは、彼の功利主義と自由主義は両立しうるのかということである。社会全体の幸福を最大化せよという功利主義と、他者に危害を及ぼさない限りで個人の自由を保護するよう説く自由主義は整合しないのではないか。ミルの批判者は、個人の自由を保護することが社会全体の幸福を最大化するとは限らないと主張してきたのである（Hart, 1983, p.193）。

　しかし、近年の研究は、『功利主義論』と『自由論』での議論だけでなく、ミルが『論理学体系』の最終巻で提起している「生の技術」の三部門の区別を用いて、功利主義と自由主義の両立を主張している[1]。このアプローチは、ミルの功利主義にあって、生の技術の三部門に応じた幸福な生の実現を保障するために、個人の自由を一般的に保護することが必要になると主張する。

　それでは生の技術とは何か。まず、生の技術とは、人間が追求すべき目的とその手段とが組み合わされた一つの理論である。目的そのものは科学的探究によっては明らかにされないが、科学は人間の目的を達成されるべき一つの結果と見なし、その原因を明らかにすることによって技術に貢献する。

　　　技術は到達されるべき目的を自らに提示し、その目的を定義して、それを科学に手渡す。科学はその目的を受け取り、研究すべき現象あるいは結果と考え、その原因と条件を調査した上で、そうした目的を生み出しうる諸状況の結合に関する定理とともに、その目的を再び技術に送り返すのである（Mill, 1973-1974, p.944）。

　ミルは「生の技術」を「道徳」・「分別ないしは深慮」・「美学」の三部門に分けている。これらの三部門はそれぞれ固有の目的をもち、その目的とは「正しさ」・「便宜」・「美あるいは気高さ」である。これらの三つの技術は、人間と社会に関する他の様々な技術の望ましさや優先順位を決定する。

　　　この技術に他のあらゆる技術は従属する。その技術の諸原理は、何ら

　　かの特定の技術の特殊な目的が価値あるもの、望ましいものであるかど
　　うかを、また、望ましいものの等級の中でどんな地位を占めるかを決定
　　しなければならない（Mill, 1973-1974, p.949）。

　それゆえ、ミルの功利主義が目的とする幸福の内容は、これらの三部門に
応じて理解されなければならないのである。
　ライアンは、これらの三部門を二つの観点から分類している。第一の観点
は誰の幸福に関わるのかである。道徳は他者の幸福に関わるのに対し、分別
は行為者自身の幸福に関わる。一方、美学は行為者の幸福か他者の幸福かを
超えた次元に関わっている（Ryan, 1987, pp.215-216）。もっとも、分別を行為
者自身の幸福にのみ関わると考えるライアンの解釈には問題がある。という
のは、ミル自身、「あらゆる正義に関する事例は便宜に関する事例であると
いうことはこれまでつねに明白であった」（Mill, 1969d, p.259）と述べている
ように、単なる個人的な便宜ではない社会的な便宜が存在するからである。
つまり、ミルは道徳自体を集合体としての人間の幸福のための手段と見なし
ているから、道徳も便宜に適うということになる。この点では、分別も行為
者自身の幸福にのみ関わっているわけではない。
　ライアンは、第二の観点として、規則の性質から三部門を区別している。
すなわち、道徳の規則は定言命法であるが、分別の規則は、ある目的に対す
る手段となる行為を指示するがゆえに、仮言命法である。功利主義において
道徳規範が定言命法だというのは意外かもしれない。道徳規範の正当化は、
「もし幸福を望むならば、～せよ」というように仮言命法に基づいてなされ
る。しかし、ミルの功利主義は、「完全義務」と「不完全義務」の区別はあ
るとしても、「一旦道徳規範が決まったならば、無条件にそれを遵守せよ」
と命ずる。これが次節で見て行く「規則功利主義」の意味である。それゆえ、
道徳と分別は、ともに幸福によって正当化されるので、計算が扱うべき事柄
となる。それに対して美学は想像力が扱うべき事柄である（Ryan, 1987,
pp.215-216）。

第3節　規則——行為功利主義論争と生の技術の三部門

　以上のような生の技術の三部門の区別は、行為功利主義と規則功利主義に関する現代の論争とどのように関わるのであろうか。ここでは、ミルの功利主義が行為功利主義と規則功利主義のいずれなのかを検討することを通じて、ミルの功利主義と生の技術の三部門の関係を明らかにしたい[2]。もっとも、ミルの功利主義を解釈する際に行為—規則功利主義論争に依拠することには一定の留保が必要であろう。というのは、ミル自身はこの論争について知らなかったのであり、後の時代の論争をミルに適用することには恣意や誤解がつきものだからである（Weinstein, 2011, p.60／山本, 2005, p.89）。しかし、ミルにとって、個々の行為によって幸福を最大化すべきなのか、それとも幸福を最大化する傾向がある規則を採用すべきなのか、ということを明らかにすることは、教育論を含むミルの実践的提案を理解するうえで重要であると思われる。

　まず、行為功利主義と規則功利主義の違いはどこにあるのか。行為功利主義は、特定の状況における特定の行為について効用を最大化すべきだとする。それに対して規則功利主義は、「ある一定の状況においては常にある種の行為をせよ」と命ずる。規則功利主義では、個々の行為の正・不正はこの規則に従っているかどうかで判断される（児玉, 2010, p.141）[3]。

　ミルを行為功利主義者として解釈することを正当化するように見えるのは、「行為は幸福を促進する傾向に比例して正しく、幸福に反するものを生み出す傾向に比例して誤りである」（Mill, 1969d, p.210）という言明である。行為功利主義は、幸福を善と見なし、その善を達成する行為を正しい行為と見なす。

　しかし、ミルを行為功利主義とする解釈が誤りであることは、特定の場合に有益であっても避けるべき行為の存在を認めていることから明らかである。個々の場合に不利益を生むとしても守られるべき道徳規範の存在は、二次的原理の必要性に関する主張として現われている。

　　効用とか幸福とかいうものはあまりにも複雑かつ不確定な目的であっ

て、様々な二次的目的を媒介することなしには求めることができないものである。……これらの二次的目的に関しては、究極の基準について意見を異にする人々の間でも一致がありうるし、またしばしば一致があるのである（Mill, 1969d, p.110）。

　このようにミルは道徳の究極原理としての直観主義を批判する一方で、直観主義が信奉する特定の道徳規範自体は多くの場合に正しいことを認めている。それゆえ、行為者は幸福の最大化を直接の目的とする必要はない。つまり幸福は規則の目的なのである。たしかに、個別の行為が幸福を最大化するかどうかを計算することは困難である。しかし、行為の集合については、ある程度計算可能である。

　　ある行為の傾向性のうち、その行為にのみ属しているものではなく、一般規則の侵害という形で属しているものについては、他のあらゆる帰結と同じように確かなものであり計算できるものである。ただし、その傾向性は個別の事例によってではなく、事例の集合によって検討されなければならない（Mill, 1969e, p.181）。

　また、幸福の最大化を行為の直接の目的とすることは、かえってその目的に反する結果をもたらす傾向がある。
　L.W.サムナーによれば、①（時間の消費という観点からして）直接的手続きの高価さ、②道徳的行為者の可謬性、③自己を贔屓することへの傾向性という三つの理由から、ミルは行為功利主義の規準に直接訴えることを拒否している（Sumner, 2006, p.194）。ミルは『論理学体系』で次のように述べている。

　　幸福の促進はそれ自体あらゆる行為の目的であるべきだと言おうとしているのではないし、幸福の促進があらゆる行為規範の目的でなければならないと言おうとしているわけでもない。幸福はすべての目的を正当化するものであり、その監督者でなければならないが、それ自体唯一の目的ではない（Mill, 1973-1974, p.952）。

74

　このようにミルにとって、功利主義は行為を直接統制する原理ではなく、規則を正当化する原理なのである。

　とはいえ、こうした規則功利主義的解釈が正しいとしても、諸規則同士が対立するときには、幸福を直接最大化する行為が正当化されないであろうか。というのは、ミル自身、「もし効用が道徳的義務の究極の源泉であるならば、効用は、諸々の義務が求めるものが両立しえないとき、どれかに決めるために援用されるであろう」(Mill, 1969d, p.226) と述べているからである。しかし、この言明すら行為功利主義を正当化するわけではない。というのは、諸規則が対立するときには、それぞれの規則が適用される範囲を定め、ある規則が別の規則に勝る範囲を定めることができるからである (Fuchs, 2006, p.152)。ミルは「ヒューウェルの道徳哲学」(1852) で次のように言う。

　　　重要なのは、例外それ自体が一般規則であるべきという点である。そうすることで例外の範囲ははっきりと限定されるし、便宜を個別の事例における行為者の偏った判断に任せないことにもなるので、例外とする理由が適用されない事例において、より一般的な規則が安定的に用いられることを揺るがしはしないであろう (Mill, 1969e, p.183)。

　それゆえ、諸規則が対立する場合には、例外に関する一般的規則が要請されることによって、規則功利主義を維持することができる。

　ところで、生の技術の三部門の区別からすれば、道徳は、分別や美学と並ぶ生の技術の三部門の一つにすぎないことが重要である[4]。つまりミルの功利主義は、正しさに関する道徳理論と分別や美学に関する善の理論とを含んでいる。そして、道徳の目的は、分別や美学という善を促進することにある。

　ここに、ミルを含むあらゆる功利主義の道徳論に共通する特徴がある。カントの義務論にとって、道徳とは義務であり、義務は正しいがゆえに善である。それゆえ、ロールズはカントの義務論の特徴を「善に対する正の優先権」と表現した (Rawls, 1999)。それに対して、功利主義にとって、道徳は非道徳的な善を促進するための手段である。そして、ミルの功利主義の場合

には、道徳は分別と美学を促進するための手段である。それゆえ、カントの義務論とは異なり、功利主義では善と正は区別されており、本質的な価値は正ではなく善である。つまり、ロールズの表現を逆さにして、功利主義の特徴は「正に対する善の優先権」だと言える。

　その際、規則功利主義が適用されるのはあくまで道徳の領域のみであり、分別や美学には必ずしも規則功利主義が適用されるわけではない[5]。とはいえ、ミルは道徳という語によって、分別や美学を含む実践的活動全体を指示しているときもある。たとえば、「道徳科学（Moral Science）」という語は、政治学や経済学を含んだ社会的な存在としての人間を扱う科学全体を含んでいる。それゆえ、このような道徳の広義の用法と、分別や美学と区別される意味での道徳という狭義の用法とを区別する必要がある（Fuchs, 2006, p.155）。この狭義の用法における道徳は分別と美学という他の二つの部門に優先するが（Fuchs, 2006, p.156／Weinstein, 2011, p.55）、分別と美学は、道徳に反しない限り自由に追求されることが許される。

　道徳と他の二つの部門を区別するにあたっては、ミルが道徳を罰の概念と結びつけていることに注意しておきたい。道徳とは、個人がしなければならないこと、あるいはしてはならないこととして他者に負っている義務である。それに対して、分別や美学に関しては、それを行ったり行わなかったりすることによって他者に間接的な影響を及ぼすことはあるとしても、他者に対して義務を負っているわけではない。

　道徳的義務に反する行為は他者に危害を及ぼすから、それは罰によって報いを受けなければならない。ここでは、「善によって善に報いたり悪によって悪を抑えたりして、各人にその功績に応じて振る舞う」（Mill, 1969d, p.257）という「功績（desert）」の概念が前提とされている（Ryan, 1987, p.238）。この功績の観点からすると、道徳的義務に反する行為、つまり不正な行為にはそれに応じた罰が与えられなければならない。罰は制裁の概念と不可分であり、制裁は、法律の違反に伴う刑罰、世論による道徳的制裁、良心による内的制裁を含んでいる。道徳は、それに反する場合、どの形態であれ制裁を伴う。

　道徳は罰と結びつき、それゆえに強制されるべきものであるが、分別や美

学は強制されるべきものではない。このことは、ミルがコントの人類教について、「義務でないものはすべて罪であるとする……倫理学的誤謬を犯している。その宗教は、義務の領域と罪の領域の間にはある中間領域、つまり積極的な価値の領域が存在することに気づいていない」（Mill, 1969a, p.337）と述べていることと対応している。道徳は強制されなければならない点で、義務以上（supererogatory）の気高い行為と区別される。義務以上の行為は、称賛すべき行為ではあっても、強制されるべき行為ではない。

　この区別は、『自由論』における自由原理、すなわち、ある人の自由を妨げることのできる唯一の目的は他者に対する危害の防止であるという原理、に対応している。それゆえ、美学や分別の理由で他者を強制することはできない。ある人が単にその人自身の利益の観点から見て愚かであるとか、ある人がもっている理想像が他者にとって不快であるとかいう理由で、その人を罰することはできない。

　だが、このことは、他者が道徳に反しない限り、他者に無関心であるべきだということではない。ミルは、われわれがお互いの振る舞いについての意見を伝え合うことを抑制する礼儀正しさの規準を批判している（Ryan, 1987, p.237）。それゆえ、分別や美学の理由で本人の意志に反して強制することは許されないが、他者を説得、懇願、忠告することは許されているし、望ましいことですらある。分別について他者に忠告し、美学が提示する気高い目的に向けて他者とともに励ましあうことは推奨される。しかし、このことは言論や説得の領域に属するべきであって、強制の領域に属するべきものではない。この主張は、「自己に対する義務」という観念に対するミルの批判として現れている。

　　　いわゆる自己に対する義務と呼ばれるものは、事情によってそれが同時に他者に対する義務とならない限りは、社会的に義務的なものとはならない。自己に対する義務という言葉は、それが単なる分別以上のものを意味する場合には自尊ないしは自己発達を意味するのであるが、これらについては誰も同胞に対して責任を負っていない。なぜならば、これらについては誰も同胞に対して責を負わないことが人類の利益となるか

らである（Mill, 1977b, p.279）。

ところで、ここで自由と道徳は入れ子状になっていることに注意しておきたい。つまり、道徳という強制の領域は自由の領域から区別されるが、自由を守ること自体は道徳規範なのである。

第4節　自由の正当化と教育の正当化

しかしながら、ここで一つの疑問が生じるかもしれない。そもそも、なぜこのように自由な分別や美学の領域と強制的な道徳の領域とを区別すべきなのか。ある人が他者の分別と美学を理由にその人に干渉してはならないのはなぜか。親や教師は分別を教えるために子どもに干渉するであろうし、現にミルも、それゆえに子どもを自由原理の適用対象外としているのである。ミルは、『ウィリアム・ハミルトン卿の哲学の検討』（1865）で、大人が、罰せられる人本人の利益という理由で干渉されることを批判した『自由論』での記述に言及しつつ、「その論文は、子どもが自分自身の利益のために罰せられるべきでないと主張しているであろうか」（Mill, 1979, p.459n）と問うている。

『自由論』でミルは、「成長した大人」が「適切に自己管理できないという理由で処罰される」ことを批判しつつ、次のように述べる。

> 社会のより弱い成員が何か分別のない（irrational）行為をするのを待って、その後にそれを理由に法的にあるいは道徳的に罰すること以外、彼らを理性的行為の普通の水準にまで育てる手段をもたないかのようにその問題を論ずることには賛成できない（Mill, 1977b, p.282）。

つまり、ミルが大人についてその人本人の利益という理由に基づく介入を否定できるのは、教育によって既に分別を身につけていることを前提としているからなのである。

このようにミルは、子どもの場合には、分別を身につけるという本人の利

益のために干渉してよいと考えている。しかし、そうだとすれば、なぜ大人の場合には、本人の利益という理由である人の意志に反して干渉してはならないのか。こうしてわれわれは、ミルが大人の自由を擁護する理由に関心を向ける。というのは、その理由がわかれば、なぜ子どもには同じ規則が適用されないのか、また、どの程度まで子どもにも同じ規則を適用できるのかを理解できるからである。

　既に見たように、道徳それ自体は、幸福の最大化によって正当化される。それゆえ、一方で、道徳はそれ自体として人間の目的であり、個人の道徳感情を満足させることはそれ自体快楽であるとしても、他方で、道徳は分別と美学という道徳以外の善によって正当化されなければならない[6]。というのは、そうでなければ、ミルの道徳理論は直観主義の道徳理論と変わらなくなるからである。ミルが道徳について規則功利主義の立場を取っているとすれば、道徳規範は、分別と美学の観点を含む最大幸福によって正当化されなければならない。たとえば、「嘘をつくことは不正である」というのは定言命法であるが、その正しさは、嘘をつくことが広まればコミュニケーションが困難になるという便宜の観点によって正当化される（Ryan, 1987, p.240）。

　それでは、分別や美学の観点からすると、自由を保護すべきだという道徳規範はどのようにして正当化されるのか。ミルは『自由論』で、すべての倫理的問題に関する究極的な訴えは効用であると言う。それゆえ、ミルは『功利主義論』の第5章で正義について論じながら、次のように述べている。

　　　私は効用に基礎づけられていない架空の正義の基準を打ち立てているあらゆる理論に対して異議を唱えるが、効用に基礎づけられた正義があらゆる道徳の主要部分であり、比較にならないほど神聖で拘束力の強い部分であると見なしている。正義とはある種の道徳規範に対する名称であり、それは人生の指針となる他のあらゆる規則よりも人間の福利にとって不可欠なものにより緊密に関わるものであり、それゆえに絶対的な拘束力をもっている（Mill, 1969d, p.255）。

　正義は道徳の下位部門であり、正義の原理としては、自由の他に、安全、

不偏、平等があげられている（Mill, 1969d）[7]。

　ミルが言う効用とは、「進歩する存在としての人間の恒久的利益を基礎とする、最も広い意味での効用である」（Mill, 1977b, p.224）。そして、この恒久的利益とは、分別と美学の観点から見た人類の継続的な進歩にとって不可欠な条件であり、また、人類が最良の状態にとどまるために必要な条件である。

　こうした条件として、真理の発見という目的のために思想と良心の自由が必要であり、個性の発達が必要である（Mill, 1977b）。これらの二つの条件は、ミルが自由原理を正義の原理として正当化する理由である。

　後者の個性の発達という目的は、個々人の自己発達を保障することを含んでいる。自己発達の自由を保障することは、単に社会の発展という目的のためだけではなく、個々人の美学の観点からも正当化される。人間は、道徳的な義務感からではなく、また、何か他の目的のための手段という便宜からでもなく、知性、感情と想像力、道徳感情といった高次の諸能力を行使させる生活様式を動物的な生活様式に優先させる（Mill, 1969d）。ミルにとって、この優先は美学の観点から見た序列であると理解することができよう。

　では、このような美学はいかにして自由を正当化するのか。個々人が自らの高次の諸能力を発達させ、行使するためには、様々な能力を試す自由が存在しなければならない。それゆえ、高次の快楽に関するミルの主張は自由を正当化する。個々の場合には自由が幸福につながらないことがあるとしても、自由の一般的な保障は人間の恒久的利益に合致するのである。

　そうなると、このように自由の一般的保障が人間の恒久的利益に合致するにもかかわらず、なぜこの原理は子どもには適用されないのか。ミルにとって、子どもの自由を制限すべきなのは、一定程度の分別にまで教育することが、子ども本人の利益と社会の利益によって正当化されるからである。

　　一人の人間をこの世に生み出した以上、他人と自分のために人生でその職分を果たせるようにさせる教育をその人間に与えることが、両親（あるいは現行の法と慣習に従えば父親）の最も神聖な義務の一つであることは、ほとんど誰も否定しないであろう（Mill, 1977b, pp.301-302）。

80

　つまり、一定程度の分別を教えないことは、本人だけでなく社会にとっても害悪なのである。親が自らの自由の名において子どもを放任しておくならば、子どもと社会の両方にとって重大な危害を及ぼすことになる。それゆえ、親は、一定程度の分別の教育を、子どもに対する道徳的義務として負っているのである。

　しかし、既に見たように、自己発達の自由を与えることが人間の恒久的利益につながるとすれば、子どもにもこの自由をまったく与えるべきではないということにはならないであろう。ミル自身は、美学が要請する自己発達の自由と分別の教育の強制との対立には言及していない。しかし、『経済学原理』での次の言明がこの対立を解決するための道筋を示している。すなわち、「教示は援助なしですますための援助である」（Mill, 1965, p.949）ということである。教育は、「援助の提供が援助を必要とする状態をいつまでも永続させてしまう事例の一つではない」（Mill, 1965, p.949）。逆に言えば、教育によっていつまでも教育を必要とする状態に止めておくならば、それは本当の教育ではないのである。

　それゆえ、これまでの考察から、生の技術の三部門の区別による教育の正当化原理について次のように定式化することができよう。すなわち、大人の子どもに対する干渉が正当化されるのは、子どもに道徳と分別を身につけさせるという目的がある場合に限られる。また、そうした干渉は、それが子どもの自立と自己発達を可能にする場合にのみ正当化される。このことからすれば、ミルが親の教育義務を主張しながら、同時に、「子どもは、比喩的にではなく、文字通り、親の一部であるかのように考えられている」（Mill, 1977b, p.301）として、親による子どもの私物化を批判しているのも頷けよう。親による子どもの支配は無制限のものではなく、子どもの自立と自己発達という目的のために制限されるのである。

第5節　教育の三部門

　ここでは、生の技術の三部門から導かれる教育思想を明らかにするために、主に『セント・アンドルーズ大学名誉学長就任講演』（1867）を参照する。

この講演に注目するのは、ミルが知的教育、道徳教育、美的教育という教育の三部門に言及しているからである。たしかにこの講演は高等教育に関するものではあるが、教育の三部門の区別自体は年齢にかかわらず同じだと考えられる。

　まず、知的教育、すなわち「知識と知的能力の訓練」（Mill, 1984a, p.251）について見ていこう。知性はそれぞれの目的に対する手段を発見する役割をもつ。知性による真理の探究の方法は、知識人や専門家だけに開かれているものではない。「真理に到達する方法と真理を検証する方法はどんな場合でもほとんど同一なのであり、真理が発見される筋道は二通りしかない。つまり観察と推論である」（Mill, 1984a, p.234）。そして、この観察と推論という真理の識別方法を獲得することは、宗教問題、政治問題などにおいて、「重要な真理として提示されていて相対立する見解について正しい判断を下せる能力を身につける」（Mill, 1984a, p.234）ことにつながる。しかし、観察と推論は、社会的問題の解決に関わるのみでなく、「われわれに関係するすべての物事についての真理を発見すること」（Mill, 1984a, p.234）をも可能にする。

　こうして知的教育は、単に自分の幸福のための分別だけでなく、人類の進歩という大きな目的に対する便宜を提供する。ミルは、「われわれの中で、自分の知性を使って同胞の生活を少しでもよくしようとする機会を増やそうとしない人は誰一人いない」（Mill, 1984a, p.256）と述べているように、知的教育の目的をはっきりと人類の進歩に結びつけている。そして、公共善について一人ひとりが自ら判断しなければならず、また、代議制民主主義の政体においては、少なくとも個々人は自分よりも知識のある人を選択するための知性を要求されるから、知性の陶冶はすべての人に要求されるのである。それゆえ、ミルは、「普通教育が普通選挙権に先行しなければならない」（Mill, 1977a, p.470）と述べている。

　次に、道徳教育、すなわち「良心と道徳的能力の訓練」（Mill, 1984a, p.251）について見ていこう。3節で見たように、ミルは二次的原理としての道徳規範をそれ自体として目的とすることを主張している。道徳は幸福にとっての手段であるが、道徳に関してそうした便宜の観点が呼び出されるのは道徳原理の正当化のときだけである。通常は道徳規範を遵守し、道徳的完成をそれ

自体として目的とすることが望まれる。この点についてミルは、「人間が精神的完成を一つの目標として追求できる存在であることをまったく認めていない」（Mill, 1969b, p.95）としてベンサムを批判している。ベンサムの理論は、「自己教育」と「人間の外的行為の規制」という道徳の二つの部分のうちで後者のみを扱っているために不十分なのである（Mill, 1969b, p.98）[8]。

だが、道徳をそれ自体として追求しながら、同時に道徳を幸福によって正当化することはできるのか。一般の人々には功利主義を秘密にしておいて道徳規範を遵守させつつ、エリートは効用に基づいて人々に外から道徳規範を与えるということにならないのか（B. A. O. Williams, 1995, pp.165-166）[9]。しかし、少なくともミルは、知性による道徳の正当化と道徳的完成の追求は一人の同じ人間の中で両立すると考えている。というのは、知的教育によって観察と推論の方法が与えられる限り、道徳規範を吟味する機会はすべての人に開かれているからである。

前節まで見てきたように、自由原理からしても、他者に危害を及ぼさないという道徳規範を遵守することは絶対に望まれる。それゆえ、教育方法の問題やそれがどこで行われるべきかという問題は別として、道徳規範の教育は必須のものとなる。もっともミルは、大学教育といった高度の教育に進むにつれて、単なる道徳規範の習慣化を脱して、学生自身が自ら道徳規範を正当化するための知性的な探究に導かれるべきだと考えているように思われる。ミルは大学での道徳教育について論じながら、「特にこの道徳の問題に関しては、……自らの判断を学生に押しつけることではなく、むしろ学生の判断を助長し訓練することが教師の任務となる」（Mill, 1984a, p.249）と述べて、独断的な道徳教育を批判している。

ところで、道徳的完成を追求するという教育の目的は、美的教育の目的に重なってくる。美的教育は人間的教養の「美的な部門」であり、それは「感情の教育、美的なものの陶冶」（Mill, 1984a, p.251）である。ミルは、「われわれ自身とわれわれがすることすべてにおいてほんのわずかな欠点さえも許さないようにさせる……完全性の感覚は、芸術による陶冶の成果の一つである」（Mill, 1984a, p.255）と述べている。このように、ミルにとって完全性は美の範疇であるが、芸術による陶冶は完全性への希求を生み出し、それによ

って道徳的完成に向けた性格の陶冶も可能になる[10]。ここでは道徳教育と美的教育の目的は収斂してくる。道徳教育は意志を訓練し、美的教育は感情と感受性を養うという点で、対象とする心的能力が異なるにすぎない。

しかし、その一方で、美的教育は、道徳教育がめざす以上の高次の目的を追求する。美学は美と気高さを目的とするので、道徳的な義務以上の行為を含んでいる。つまり美的教育は、歴史上の偉大な人物や文学作品に現れる理想的な人間像などの美しい観照の対象が感受性を鼓舞（inspiration）することによって、人を利他的な行為や英雄的な行為へと導くことを含んでいる。

自由原理からすれば、子どもや学生に美的な目的を強要することは、それが本人の意志に反するものである限り不当であろう。しかし、ミルは美的教育を言論による説得や強制とは異質の次元、すなわち鼓舞の次元で捉えている。美しい理想を鼓舞することは称賛に値するのであり、自由の侵害にはあたらない。

さらに、ミルは、こうした美的教育はつねに分別に優先すると言う。ミルは、意志と行為を理想的な気高さにまで陶冶するという目的が、身近で直接的な目的の達成を指示する分別の観点と矛盾する場合には、気高い性格の陶冶をつねに優先すべきだと主張している（Mill, 1973-1974, p.952）。とはいえ、3節で論じたように、個人は自己発達については他者に対して義務を負ってはいない。したがって、気高い性格の陶冶は道徳的義務として理解されるべきではなく、それ自体美しい理想として理解されるべきだと言えよう。すなわち、個人の気高い性格の陶冶については、それに向けて他者が鼓舞することは許されるのであり、望ましいことですらある。しかし、そうした陶冶は強制されるべきではないのである。

第6節　生の目的の多元性と教育的干渉

これまで、ミルにおける生の技術の三部門の観点から、自由原理を正当化する理由と、自由原理の例外としての教育的干渉を正当化する理由とについて見てきた。自由原理は道徳以外の行為の自由を擁護し、それによって個々人は分別と美学の領域で自由に自らの生の目的を追求することが許される。

しかしながら、この自由は、子どもに関してはある程度制限されなければならない。子どもは道徳教育を受けなければならず、また、本人の利益と社会的な利益の両方のために、一定程度の分別にまで教育されなければならない。

　一方、前節で見たように、美的教育については、強制という範疇はふさわしくない。美的教育は称賛されるべきものである。しかし、美的な目的の追求を義務として要求することはできない。美的教育は鼓舞の次元に関わり、社会的に強制されることはない。それゆえ、美的教育の奨励という主張それ自体、自由原理が要求する通り、社会の中で言論や説得によって共有されうるにすぎない。また、美的教育の目的や内容は、一つの政治社会で同一のものであるというよりは、社会の中の各結社で共有されるものであろう。たしかに、ミルは美的教育にふさわしい作品をあげているが、それは例示にすぎず、どういった作品を用いて美的教育を行うかは、個々の教師あるいは学校が判断すべきことであると言える。それゆえ、美的教育に関するミルの主張は、生の目的の多元性を傷つけるものではない。

　最後に、ミルが述べる教育の三部門のうち、道徳教育と知的教育という残りの二部門について、それが生の目的の多元性を擁護する自由主義と矛盾しないかどうかを考察しておきたい。

　道徳教育について言えば、他者に危害を及ぼさないという道徳規範の習得は、個々人が生の目的を自由に追求しうるための不可欠な条件である。分別と知性の教育については、一部の自由主義の理論家にとっては、ミルの要求は厳しすぎ、生の目的の多元性を侵していると感じられるかもしれない。しかし、少なくとも言えることは、分別の教育や知的教育は、生の目的そのものを強制するものではなく、むしろそれらを判断するための手段を与えるということである。したがって、分別や知性は個々人が多様な生の目的を追求するための手段を提供するものだから、生の目的の多元性を擁護する自由主義と矛盾しないと言えよう。

ON

LIBERTY

BY

JOHN STUART MILL.

LONDON:
JOHN W. PARKER AND SON, WEST STRAND.
M.DCCC.LIX.

『自由論』——『自由論』は自由主義の古典であるが、「他人に危害を及ぼさなけれ
ば何をしてもよい」という危害原理は、しばしば相対主義的な自由主義を正当化し
ているかのように受け取られてきた。しかし、「他人に危害を及ぼさなければ何を
してもよい」ということは、他人に危害を及ぼす以外のあらゆる行為が同等に価値
のある行為であるということではない。ミルの功利主義には「美学」が存在するか
らである。しかし、この美学は他人に「強制」するような類いのものではなく、あ
くまで「説得」したり「鼓舞」したりすべきものなのである。

第4章

ミルの美学と美的教育論

第1節　美的教育と自由の矛盾

　前章では、美的教育に関するミルの主張が彼の自由主義と矛盾しないと述べた。しかし、社会や教師が特定の美的な理想を子どもに吹き込むことは、やはり子どもの個性を抑圧しかねないのではないかという危惧もありうる。その点で、ミルの美的教育論は自由主義と両立しうるのか。前章では、道徳や分別の強制という側面から自由の限界を明らかにしたが、この章では、ミルの美学と美的教育に関する主張に焦点化することによって、美学や美的教育と自由の関係について検討してみたい。

　これまで幾度か述べてきたように、ミルは『論理学体系』で、「生の技術」を「道徳」・「分別ないしは深慮」・「美学」という三部門に分けている。しかし、ミルはここで単にこれらの三つの価値を区別しただけで、三部門の技術の中身について論じているわけではないし、これらの三部門の各々の価値を個別に扱った著作を発表しているわけでもない。それどころか、『論理学体系』以外の著作では、ミルはこの三部門の区別について明示的には論じていないのである。前章で見たように、ミルは実際にこれら三つの価値に即して自己の思想を展開しているのであるが、生の技術の三部門の区別は言わば暗黙の前提とされており、三つの価値の自律性を明示していないのである。

　こうした理由から、ミルの思想の中で生の技術の三部門の区別が重要な位置を占めているということは、これまで十分に理解されてこなかった。ミルが生の技術の三部門を区別しているにもかかわらず、この区別を必ずしも明

88

示していないということが、ミルの思想を首尾一貫したものとして理解することを困難にしてきたことは間違いない。たとえば、公衆が個人の私的な事柄に干渉することを批判していることと、「実際の不正や卑劣だけでなく、気高い目的や努力の欠如もまた非難されるべきことであり、品位を落とすものであると感じるように人々を教育すること」(Mill, 1984a, p.254) という二つの言明を首尾一貫したものと見なすためには何らかの説明が必要であろう。というのも、人間が気高い目的を追求しなければ非難されるべきだと言われるならば、気高い目的を追求するように人を強制すべきだということにならないであろうか。

　一方、ミルの自由原理が要求しているのは、他の人に危害を及ぼさない限り、まさに気高い目的を追求しない自由を保障せよということだからである。実際、これまでのミル研究は、『自由論』での自由原理の主張と、気高い目的の追求に関する主張とを整合的に説明しようとして、互いに相容れない様々な解釈を生み出してきた。しかし、生の技術の三部門の区別を援用すれば、このような一見した矛盾をかなりの程度解決できる。このことを明らかにすることが本章の主要な目的である。

　前章で見た通り、生の技術の三部門のうち、道徳と分別については、強制してでも一定程度の標準にまで子どもを陶冶しなければならない。たとえば、他者に危害を加えないという最低限の規範を守らせるための道徳的訓練は、当人の意志に反してでもすべての子どもに要求される。また、子ども自身にとって将来の利益となりうる分別のある行為をさせるためには、理性の陶冶が正当化される。それでは美学の領域ではどうか。子どもを強制してでも、美学の一定の標準にまで陶冶しなければならないのか。もしそうだとすれば、美学の領域でも、子どもの自由は一定程度制限されることになろう。ここで問題となっているのは、美学と自由の関係である。

　ところで、ミルの主要な課題は、道徳、分別、美学という生の技術の三部門のうち、いわゆる「精神の危機」の直後の一時期は別として、道徳とその下位部門である正義、および分別にあった。このことは、ミルにとって美学がどうでもよい事柄であったからではなく、美学の領域がもつ固有の性質に依る。ミルにとって、気高い目的は個々人が自発的に追求すべきものである。

それゆえ、ミルにとっては、気高い目的を指示する美学について直接論ずるよりも、自分自身の気高い目的を追求する自由を平等に保障する正義の原理を論ずることのほうが急を要する課題であったのである。そのようなわけで、ミルは美学の原理をまとまった形で展開しているわけではない。

　しかしながら、ミルの美学に関する主張を理解することは、とりわけミルの教育思想を理解するために不可欠であると思われる。というのは、ミルが「精神の危機」を経て自覚した「感情の陶冶（cultivation of feeling）」の重要性は、まさに美的教育に関する主張だからである。そこで、本章では、美学と美的教育に関するミルの主張を検討することを通じて、気高い目的を提示することと自由の関係を明らかにしてきたい。

第2節　感情の陶冶と詩的教養

　ミルが美学や美的教育について論じている箇所は多くあるが、ここではまず、ミルが『自伝』の中で詩的教養の重要性について述べている部分を見ていく。青年期のミルが陥った「精神の危機」は、ウィリアム・ワーズワース（1770〜1850）の詩を読むことを通じて克服された。ミルは、父ジェイムズ・ミルによる英才教育によって若きベンサム主義者として知的活動をスタートさせたが、「精神の危機」とその克服の経験を通じて、ベンサム主義の欠点を自覚し、ベンサム主義者が軽視していた「感情の陶冶」の重要性を認識するに至った。

　ミルが自身の生涯の記録を書物の形で残した理由の一つは、自分が父から受けた知的教育の成果を人々に伝え、それを後世の教育改革に役立てて欲しいと考えたことである。しかし、単に知的教育の方法の実例を示すためだけならば、ミルはわざわざ「感情の陶冶」の重要性について記す必要はなかったはずである。それゆえ、ミルは『自伝』で、自らの知的教育の成功の実例を与えるとともに、詩的教養の欠如について報告しようとしたのである。

　ミルは、「精神の危機」以前の自分が人類の利益という理想に対する熱意をもちつつも、それが単に「理論的な意見への熱意以外のものではなかった」（Mill, 1981a, p.113）と述べている。つまり、この時期のミルにあって、

人類の利益への熱意は「仁愛 (benevolence)」や「人類への共感」に根差したものではなく、また「理想的な気高さ」に対する崇高な熱意とも結びついてはいなかったのである（Mill, 1981a, p.113)。「当時、そういう感情を自然に養う詩的教養は中断されていて、それとは相反する単なる論理や分析の訓練が過剰だったのである」(Mill, 1981a, p.113)。

　しかしながら、なぜ論理や分析の訓練が過剰であってはならないのか。ミルが感情の陶冶を重視するのは、「私の教育は」、人々への共感や他の人の利益を生きる目的とする「感情を分析の解体する力に抗するくらい十分に強く造り上げることに失敗し、その一方で、私の知的陶冶の全過程は、早まった分析を私の根深い習慣としてしまった」(Mill, 1981a, p.143) という認識があるからである[1]。ミルによれば、「分析の習慣は、……原因と結果、手段と目的の間の連想を強めることすらあるかもしれないが、俗に言って単なる感情の問題である連想はすっかり弱めてしまう傾向にある」(Mill, 1981a, p.143) のである[2]。ミルは「精神の危機」の時期の間も、人々への共感や他の人の利益を生きる目的とする感情が最も偉大で確実な幸福の源泉であるということが真理であると確信してはいたが、「仮に私がその感情をもてば幸福になると知ったからといって、その感情が私に与えられるわけではなかった」(Mill, 1981a, p.143)。

　こうしてミルは、知的な分析の習慣に抗するほどの強い感情を養う必要性を認識し、「活動的な諸能力だけでなく、受動的な感受性も陶冶される必要があるということ、そうした感受性は、指導されるだけでなく、養われ、豊かにされる必要があることを経験によって学んだ」(Mill, 1981a, p.147)。ミルは「精神の危機」の経験によって初めて、「外的環境の整備と、思索と行為に向けて人間を訓練することばかりを重視することを止め」、「個人の内面的教養」に、「人間の福祉にとって何よりも欠かせないもののうちで、適切な位置を与え」(Mill, 1981a, p.147) るようになった。ミルは、詩と芸術を内面的教養の主要な道具と見なし、芸術作品による「詩的教養」は、「知的教養 (intellectual culture)」に伴う先の弊害を修正すべきものであると捉えているのである（Mill, 1981a, p.147)。

　とはいえ、感情の陶冶を詩的教養と結びつけるのはなぜか。このことを理

解するには、ミルが「詩（poetry）」をどのようなものと考えているかを見ておく必要があろう。ミルは、「詩とは何か」と題する評論の中で詩の定義を試みている。

　まず、詩の目的は感情に働きかけることである。この点で、詩は、「知性（understanding）」に対して命題を提示する「事実」や「科学」とは異なり、「興味深い観照（contemplation）の対象を感受性に与える」（Mill, 1981c, p.344）。しかし、「感情に働きかけるという目的のために思想や心象を想起させるということは、詩だけに属することではない」（Mill, 1981c, p.344）。それは小説家の役割でもある。

　では、詩と小説の違いは何か。「詩の真実は人間の魂を偽りなく描くことにある。小説の真実は人生の本当の姿を示すことにある」（Mill, 1981c, p.346）。それゆえ、小説が外的な出来事の描写に関心をもっているのに対して、詩は「内的世界の観照」に関心をもっているのである（Mill, 1981c, p.345）[3]。

　しかしながら、さらに、「情熱的な真実」という点で、詩は雄弁（eloquence）と重なるが、詩と雄弁は区別されなければならない。ミルによれば、「雄弁は聴衆を想定する」のに対して、「あらゆる詩は独白の性質をもっている」（Mill, 1981c, pp.349–350）。詩と雄弁はともに感情の表現ないしは発露である。しかし、ミルは詩と雄弁を次のように区別する。

　　　発露の行為そのものが目的ではなく、本人が表現する感情によって他の人の感情、信念、意志を動かすという目的のための手段となるとき、本人の感情や本人の感情によって色付けされた思想がその意図によって、つまり他の人の精神に印象づけようというその願望によってまた色付けされるとき、発露の行為は詩であることをやめて雄弁となる（Mill, 1981c, p.349）。

　こうして、ミルによれば、内的世界の真実の表現であり、かつそれが独白的な性質のものであるとき、詩と呼ばれる。このように詩を定義するミルによれば、詩を韻律的作品と同一視する形式的な定義は誤りであり、詩という性質を芸術一般に適用することができる。

　それでは、なぜ詩は感情の陶冶の道具となりうるのか。そもそも、なぜミルが単に感情の刺激ではなく感情の陶冶について述べているのかを説明しなければならない。ミルは、「まったく陶冶されておらず、しかもなんら強い感情をもたない精神にあっては、感覚と知性のいずれの対象も、見聞きし感じられたままの単なる偶然の順序によって配置される」（Mill, 1981c, p.357）と言う。ミルがそう言うのは、『自由論』で、「欲望と衝動がその人自身のものである人物、すなわち、欲望と衝動がその人自身の教養によって発達し、修正されたものとしてその人自身の本性の表現である人物が、気骨があると言われるのである」（Mill, 1977b, p.264）と述べているように、性格が確立せず、外的な刺激によって常に左右される精神は望ましいものではないと思われたからである。

　その場合、知的な教養は性格の確立に寄与しうるものであるが、先述のように、単なる分析の習慣は確立した性格の形成にとって不利である。それに対して、ワーズワースの「詩が私に与えた喜びは、この種の教養を身につければ、どんなに根強い分析の習慣もまったく恐れる必要はないということを証明してくれた」（Mill, 1981c, p.153）。というのは、詩によって喚起される強い感情は、その場限りで失われてしまうのではなく、ある人が既にもっている思想、心象、および他の感情と結びつくことによって、持続的な傾向性を形成するからである。ミルによれば、こうした感情はある人がもっている諸々の感情のうちで「支配的な感情（dominant feeling）」となり、この感情が、統合されて首尾一貫した性格の形成を可能にするのである（Mill, 1981c, p.357／大久保, 1992, pp.132–133）。このように、詩はなんらかの強い感情を喚起することによって、ある人の性格のうちで支配的な感情を形成する。そうした支配的な感情は、知的な分析によっても容易に解体されないため、「確立した性格」の形成を可能にするのである。ミルが詩的教養を重視する理由の一つはここにある。

第3節　美的教養とその位置づけ

（1）完全性とその観照

　前節では、ミルの美的教育に関する主張の一つの側面として、強い感情を育む道具としての詩の重要性について見てきた。しかしながら、これまでの議論では、何が強い感情を喚起するのかについては述べてこなかった。そこで、この節では詩的教養の内実である「美」についてのミルの見解を見ていく。

　たしかに、内的世界の真実を表すあらゆる詩には美が含まれているであろうが、詩だけが美しいわけではない。

> 　芸術それ自体の直接の目的は美しいものの創作である。そして、精神状態以外にも美しいものはあるから、われわれが定義したような詩や雄弁のいずれともまったく無関係であるように見える芸術もたくさんあるのである（Mill, 1981c, p.353）。

　美しいものを表現する芸術作品は、たとえそれが内的世界を表現したものでなくても、人を感動させる点で詩と同様の効果をもつ。たとえば、架空の風景画に描かれた対象は、雄大、可憐、愉快、野性、哀愁、恐怖といった感情を抱かせなければならない。そのような意味で、美しいものはつねに詩的であると言える。

　それでは美とは何か。ミルによれば、美とは「完全性」である。「精神の危機」の時期のミルがワーズワースの詩に感動したのは、ワーズワースの詩が二つの意味で完全性を表現していたからである。まず、ワーズワースの描く山の風景は、ミルにとって「自然美の理想」であった（Mill, 1981a, p.151）。しかしながら、「ワーズワースが単に自然の美しい風景を描いただけであったならば、彼の詩はなんら大きな印象を与えなかったであろう」（Mill, 1981a, p.151）。むしろ、ワーズワースの詩が表現していたのは、「美に刺激された感情の状態、および感情によって彩られた思想の状態」（Mill, 1981a, p.151）であった。

94

　ミルは、若きベンサム主義者として当初めざしていた人類の物質的・社会的進歩が果たされた後に、つまり「人生の巨大な害悪がすべて取り除かれたときに、永続的な幸福の源となるもの」（Mill, 1981a, p.151）をワーズワースから学んだと考えた。その幸福は「闘争や不完全さとはなんの関係もないもの」（Mill, 1981a, p.151）と思われたのである。

　ミルがワーズワースの詩から引き出した喜びは、観照による快楽であった。観照とは美すなわち完全性の認識であり、単なる知的な分析によってはなしえないものである。そして、美の観照はそれ自身感情を陶冶する効果をもっている。「何か特定の感情の表現に加えて、単に高次の秩序をもった美を観照するだけでも、品性を高める効果を少なからず生み出す」（Mill, 1984a, p.255）。また、『自由論』でミルが、個性を陶冶した人物は「気高く美しい観照の対象」（Mill, 1977b, p.266）となりうると述べているように、観照の対象は芸術作品に限られず、人物も観照の対象となりうる。ミル自身は、「プラトンの描いたソクラテス」や「コンドルセのテュルゴー伝」など、「英雄的な人物、とりわけ哲学上の英雄たちの生涯と人柄への崇敬によって、最も有益な種類の詩的教養をえていた」（Mill, 1981a, p.115）。

（2）美学と分別の関係
　このような観照が生の技術の三部門のうちの美学の問題であることは言うまでもない。以下では、美学が生の技術の残りの部門である道徳と分別とどのような関係にあるのかを考察する。ここでは美学と分別の関係について見ていく。

　まず、美的な観照が、ある行為が所与の目的の手段として適切であるかを知らせる「分別」に属するものでないことは言うまでもない。ミルは「ベンサム論」の中で、人間が、単なる便宜の観点とは別に、崇高な動機から行為をなしうることを示唆している。ベンサムは、「名誉と人格の尊厳の感覚、つまり他の人の意見と無関係に、あるいはそれに反抗して作用することすらある、あの高揚と堕落の感情、芸術家の情熱である美への愛、秩序への愛、すなわちあらゆる事物の一致・調和と合目的性への愛、……他の人間に対する力という制限された形態ではなく、われわれの意志を実現させる抽象的な

力への愛、運動と活動に対する渇望であり、その反対物である安逸への愛と
勝るとも劣らない影響を人生に及ぼす原理である、行為への愛」といった
「人間性の中の力強い構成要素」が、人間の行為を生み出す源としてふさわ
しい地位にあるとは考えていないのである（Mill, 1969b, pp.95-96）。

　とはいえ、2章3節で述べたように、ミルによれば、このような愛が最初
から内在的な価値をもっている必要はなく、最初は別の快楽のための手段で
あった可能性がある。それゆえ、観照によって直観される美しい対象は、同
時に便宜的な思考の対象ともなりうるのである。この二重性は、ミルが『論
理学体系』第6巻で述べていることからも明らかである。ミルによれば、意
志と行為を理想的な気高さにまで陶冶することは個々の人間にとって目的で
あり、その目的が自分自身や他の人の特定の幸福の追求と矛盾する場合には、
前者の目的が優先されなければならない（Mill, 1973-1974, p.952）。

　もっとも、このように述べた後でミルは、性格の気高さを構成するもの自
体はやはり幸福という規準を参照することによって決定されると言う（Mill,
1973-1974, p.952）。というのは、そのような理想的に気高い性格が多く存在
することは、「快楽と苦痛からの自由という比較的卑近な意味においてのみ
でなく、……高度に発達した諸能力をもつ人々が手にしたいと望みうるよう
な生という高次の意味でも、人間の生を幸福なものにする」（Mill, 1973-1974,
p.952）からである。ここでは、単なる快楽、および苦痛からの自由のための
手段という分別の観点と、高次の諸能力を陶冶した人が追求する高次の生と
いう美学の観点とが共存している。

　この二重性は、2章3節でも述べた知性と想像力の区別に基づいていると
思われる。ミルが理性と想像力の双方を適切に陶冶すべきだと主張している
ことは既に見た通りである。ミルは、「一方で、想像力が知性の正確さと行
為と意志の正しい方向づけを妨げないようにし、他方で、生の喜びを増し、
品性を高める力として想像力を用いるために、想像力の陶冶と統制の基準と
なるべき原理」が、「今後、実践的な目的にとって非常に重要な研究領域と
なると思う」（Mill, 1969c, p.483）と述べている。というのは、「人間の生は、
それが現につつましく限られたものであり、……おそらく、物質的および道
徳的な進歩によって現在の苦難の大部分から解放されてもなおそうしたもの

であるとき、人生とその目的にとって、広範で高い向上心（aspiration）を大いに必要とする」のであり、「想像力の行使は……人生に向上心を与える」（Mill, 1969c, p.483）からである。ミルにとって、想像力は、自分一人の利害よりも広い利益と高い目的へと個々人の目を向けさせるための道具でもある。ミルは、「この大きな宇宙とわが同胞全体を前にし、過去の歴史と無限の未来を前にするとき、単なる自己の存在が哀れなまでに小さい者であるという感情、もしも自分や家族の暮らし向きを良くするためだけに、自分や家族が出世の階段を一段か二段登るためだけに人生が費やされたならば、人生は貧しく無意味であるという感情をもつ」（Mill, 1984a, p.254）ように人々を教育することには価値があると述べている。

このように、想像力は気高い目的への願望を鼓舞し、気高い感情を陶冶する手段となる。それは、観察と推論に基づく知性が扱いうる経験の領域が、「広大な海の真ん中に浮かぶ小さな島」（Mill, 1969c, p.418）にすぎないからでもある。人間は、知識をもちえない領域に対しては想像力を働かせるのであり、このような領域について知りたいという切望を宗教と詩によって満たしてきた。「宗教と詩はともに同じ必要を満たすのであり、つまり単調な人生において実現されるものよりも壮大で美しい理想的な構想という必要を満たすのである」（Mill, 1969c, p.419）。

（3）美学と道徳の関係

次に、生の技術の三部門のうち、美学と道徳の関係について考えてみたい。ミルは生の技術の三部門の区別を導入することによって、「多くの功利主義者は、功利主義の基準によって測られるような行為の道徳性をあまりにも排他的に考慮しており、人間を愛すべきもの、称賛すべきものとするのに役立つ他の美点を十分に強調していない」（Mill, 1969d, p.221）という反論に対して、「道徳感情は陶冶してきたが、共感も芸術的理解力も陶冶していない功利主義者はこの誤りに陥る」（Mill, 1969d, p.221）と答えている。

たしかに、一見すると、効用原理は「行為は幸福を促進する傾向に比例して正しく、幸福に反するものを生み出す傾向に比例して誤りであると主張する」（Mill, 1969d, p.210）のだから、つねに幸福を増大させることを正しい行

為と見なしているようにも考えられる。しかし、ミルによれば、幸福の増進は倫理学の根本原理であるが、「幸福はすべての目的を正当化するものであり、その監督者でなければならないが、それ自体唯一の目的ではない」（Mill, 1973-1974, p.952）。つまり、ミルは幸福を直接の目的として行為することを説いているのではなく[4]、生の技術の三部門の固有の目的を追求することを主張しているのである。

　したがって、第一に、つねに幸福の増進を目指すことが道徳規範であるわけではないし[5]、第二に、道徳は人間の生の全領域を覆いつくすものではない。むしろ道徳の任務は、美学と分別という他の生の領域を保護し、促進することにある。道徳の上限である利他主義あるいは慈善は他の人の幸福を直接の目的とし、道徳の下位部門である正義は自己と他者の幸福を保護することを目的とする。その際、慈善や利他主義と正義の目的は、道徳それ自体の中に存在するのではなく、美と便宜の観念によって指示されるのである[6]。

　それゆえ、道徳は幸福の実現にとって不可欠ではあるが道具的な役割を担うのであり、より積極的な価値として美学の領域が存在するのである。こうしてミルによれば、「知的教育と道徳教育、すなわち知識と知的能力の訓練、および良心と道徳的能力の訓練」は、「人間的教養の二つの主要な要素」であるが、この二つが人間的教養のすべてを汲みつくすわけではない（Mill, 1984a, p.251）。つまり、人間的教養には第三の部門である「美的な部門」、すなわち「感情の教育と美しいものの陶冶」が存在する。この部門は、「たとえそれが他の二つの部門に従属し、それらに尽くす義務を負うとしても、それらにほとんど劣るところがなく、人間の完成にとってはそれらと同じくらい必要なのである」（Mill, 1984a, p.251）。

　ミルによれば、イギリス人は、人間性を形成するための要素のうちで、芸術と美が哲学、学問、科学と同等の位置を占めているとは考えてこなかった。このことは、「スチュアート朝の時代以来イギリス人の性格を形成してきた二つの影響、すなわち商業上の金儲け主義と宗教上のピューリタニズムに原因をたどることができるであろう」（Mill, 1984a, p.253）。「商売は……その目的に直接貢献しないものはすべて時間の浪費と見なし」たし、「ピューリタニズムは、神への畏敬と崇敬以外のあらゆる人間的な感情を誘惑と見なし、

情操の陶冶を否としないまでも冷淡に扱ったのである」（Mill, 1984a, p.253）。こうして、「大陸諸国では、徳と善さは一般に大部分は情操の問題であると今でも認められているが、われわれにとってはほとんどもっぱら義務の問題なのである」（Mill, 1984a, p.253）。

ミルはこのように美的教育の意義を強調するのであるが、美的教育と道徳教育が無条件に調和するとは考えていない。というのは、美的な判断が道徳と抵触することがありうるからである[7]。たとえば想像力は対象の大きさや力ゆえに称賛するけれども、「畏怖によって称賛する人々は、美的には発達しているかもしれないが、道徳的には陶冶されていない」（Mill, 1969c, p.384）。このように、想像力の対象はしばしば道徳的には評価できないものであるかもしれない。また、気高く私心のない（disinterested）目的に身を捧げる人が、その目的のために悪事を犯すことはありうる（Mill, 1984a, p.253）。美学は何かをそれ自体のために私心なしに追求することを指示するが、このことは必ずしも道徳的であるわけではない。したがって、「私心のない目的のためでさえ、道徳律を犯さないように人を教育する」必要がある。しかし、ミルによれば、「良心と情操をともに陶冶することはまったく可能である」（Mill, 1984a, p.253）。

このように美学と道徳は区別されなければならない。しかし、その一方で、道徳と美学が収斂する場合がある。というのは、以下で見ていくように、道徳的な性格はそれ自身美しい追求の対象であると考えられるからである。

功利主義は、行為の正と不正を行為の結果によって判断する点で帰結主義である。功利主義からすれば、溺れている人を助ける行為は、その動機が何であれ正しい。ベンサムは、こうした帰結主義によって、賞罰や他者の評判・軽蔑といった「外的制裁」を用いて利己的な人々の行為を方向づけることを説いている。

しかし、ミルによれば、道徳原理の正当化の問題としての帰結主義と、行為の動機の問題としての帰結主義は区別されるべきである。たしかに、一方で、帰結主義によれば、道徳的行為の正しさは、それがもたらす結果によって評価される。しかし、他方で、道徳的行為が目指す結果をもたらしさえすれば、その行為をどんな動機によってなしてもかまわないという意味での帰

結主義には重大な危険が含まれているように思われた。というのは、後者の意味での帰結主義では「行為が行為者自身の精神構造におよぼす影響」（Mill, 1969b, p.95）が考慮されていないからである。ベンサムの理論では、ある行為が直接もたらす特定の結果のみが問題にされており、行為が行為者自身の性格に及ぼす影響が無視されていた。しかし、賞罰などの外的制裁によって道徳的な行為に導くことは、その時々は望まれた結果をもたらすとしても、その行為がめざす結果と関係のない利己的な動機によって行為することが助長されてしまい、行為者が自発的に道徳的な行為をなすことにはつながらない。それゆえ、ベンサムのやり方では人々の道徳的な性格を陶冶することができず、結果的に最大幸福に貢献する資質を欠いた性格を養いかねないと思われた（Mill, 1969b, p.8）。つまり、長い目で見た結果の観点に立てばこそ、行為の動機や行為者の精神状態をも考慮に入れざるをえない。ある行為規範がもともと最大幸福のための手段であったとしても、行為者はその行為規範それ自体を目的として行い、その結果としてその行為規範が習慣化されることが望まれるのである[8]。

　それゆえ、ミルは、行為の正しさを結果によって判断すべきと主張する功利主義者も性格の問題に無関心ではないと言う。功利主義者は、「悪い行いを生み出すことを支配的な傾向とするいかなる精神的性向をも善いものとは断固として見なさない」（Mill, 1969d, p.221）のである[9]。それゆえ、ミルは、ベンサムが行為者の性格の問題をまったく扱っていないことを批判して次のように述べる。

　　　道徳は二つの部分から成る。一つの部門は自己教育であり、人が感情と意志を自ら訓練することである。その部門はベンサムの体系には欠けている。もう一つの同等の部分は人間の外的行為の規制であり、第一の部分がなければまったく不十分で不完全なものであるに違いない（Mill, 1969b, p.98）。

　このように、道徳的な性格それ自体を自己教育の目的と見なすことは、道徳的行為の価値を結果によって評価する帰結主義と矛盾しない。道徳規範は

あくまで最大幸福のための手段であるが、同時に、道徳的な性格をそれ自体目的として陶冶することは望ましいことなのである。

　そして、ミルは、個人が道徳的完成に向けて自己修養（self-culture）を行うために、芸術による陶冶が有益であると考えている。ミルは『セント・アンドルーズ大学学長就任講演』で、「美は善よりも偉大である。というのは、美は善を包み、善に何ものかを加えるからである。美とは完成された善である」という格言を引用しつつ、「われわれ自身とわれわれがすることすべてにおいてほんのわずかな欠点さえも許さないようにさせる……完全性の感覚は、芸術による陶冶の成果の一つである」（Mill, 1984a, p.255）と述べている。ミルにとって完全性は「美」の範疇であるが、芸術による完全性の観照が、同時に道徳的完成への願望をも鼓舞すると考えている。

　ミルは、道徳的完成そのものが気高い目的を与えるという点で宗教にもなりうると言う[10]。ここでの宗教とは、「宗教の本質は、最高に卓越し、あらゆる利己的な願望の対象に正当にまさると認められた理想的目的に向けて、感情と願望を強く熱烈に方向づけることにある」（Mill, 1969c, p.422）と言われる時のそれである。また、ここでミルが考える道徳とは、「個人を全体の犠牲にせず、全体を個人の犠牲にもせずに、一方では義務に、他方では自由と自発性に適切な領域を与える、全員の利益についての寛大で賢明な見方に基づく道徳」（Mill, 1969c, p.421）である。すなわち、自由原理を伴った功利主義である。

　そして、ミルは、この道徳を地上の世界で実現することが超自然的な信仰なしに可能であるかどうかを問うている。たしかに、信心深い人々は、もしもこの世の現実しか存在しないとすれば、現世の人生の短い期間、この世の生のつまらなさと無意味さは、気高い感情を鼓舞する源とはなりえないのではないか、と疑うであろう（Mill, 1969c, p.420）。というのは、もしも目に見えるものを超えて人生が延長することがなければ、偉大で気高い感情を、現世というあまりにも小さい規模の対象に向けることは不可能だと考えられるからである（Mill, 1969c, p.420）。しかし、「たとえ個人の生涯が短いとしても、人類の生涯は短くはないことが想起されなければならない。その不確定な期間は、実際ほとんど無限に等しい。人類の生涯が無限の改善能力と結びつく

とき、それは、遠大な大志の正当な要求を満たすほどの大きな目的を、想像力と共感に提供するのである」(Mill, 1969c, p.420)。こうしてミルは次のように問う。「地上の生活を理想に近づけることによって、つまりこの地上の生活が形成される可能性についての高次の構想を開発することによって、詩や、言葉の最善の意味での宗教を与えることができないかどうか」が「なおも考察されなければならない」(Mill, 1969c, p.420)。

第4節　美的教育と自由主義の関係

　これまで、個人が性格の気高さ、特に道徳的な性格の陶冶を目的とすべきであるというミルの主張を見てきた。しかし、本章の冒頭でふれたように、このようなミルの主張は、自由原理と相容れないのではないか、つまり、ある気高い目的や道徳的な性格に向けて個人を陶冶することは、個人の自由と両立しないのではないかと問われてきた。

　ここで重要なことは、ミルにとって、強制と自由の間には一つの中間領域があるということである。そして、ミルは教育をこの中間領域に位置づけているように思われる。ミルは、『セント・アンドルーズ大学名誉学長就任講演』の中で、「実際の不正や卑劣だけでなく、気高い目的や努力の欠如もまた非難されるべきことであり、品位を落とすものであると感じるように人々を教育することは、価値のあることである」(Mill, 1984a, p.254) と述べている。そして、「このような気高い精神を鼓舞する偉大な源泉は、詩であり、詩的で芸術的である限りのあらゆる文学である」(Mill, 1984a, p.254) と言う。この「鼓舞」ということは、外的な法的な規制や制裁による外的動機付け、つまり強制とは異なるものである。高邁な精神を吹き込むことは、個人の意志に反して強制できるものではなく、教える人と教えられる人の「共感(sympathy)」を前提とするからである。このような意味で、鼓舞としての美的教育は個人の自発性と両立する。

　こうした美的教育の位置づけを理解するには、ミルがコントの道徳的教説について論じながら、「義務でないものはすべて罪であるとする……倫理学上の誤り」(Mill, 1969a, p.337) について述べている箇所が参考になる。ミル

によれば、「義務の領域と罪の領域の間には一つの中間領域、つまり積極的な価値の領域が存在する」（Mill, 1969a, p.337）。つまり、「すべての人が自分の個人的目的の追求を他の人の本質的な利益と矛盾しない範囲に制限することは義務」であり、「すべての個々人と個々人の集合体をこの範囲内に留めておくことは刑罰と道徳的非難の適切な役目である」（Mill, 1969a, p.337）。そして、「このような範囲が何であるかということは倫理学が決定すべき分野」（Mill, 1969a, p.337）であり、まさにミルは『自由論』でこの範囲を提示している。

　一方、個々人がこの範囲を超えて「他の人の利益を私心のない努力の直接の目的とし、罪のない個人的な楽しみすらもその目的のために先延ばしにしたり犠牲にしたりするならば、彼らは感謝と名誉に値し、道徳的称賛にふさわしい対象となる」（Mill, 1969a, pp.337-338）。ここでは道徳的行為に言及されているとはいえ、同じことは美的で気高い行為にもあてはまる。つまり、しなければならないこと（義務）としてはならないこと（罪）の間には望ましいことが存在するのであり、それをなすことは称賛に値するのである。

　それでは、以上のようなミルの美的教育の主張は自由主義と矛盾するであろうか。既に述べたように、教師が生徒を鼓舞することは、本人の意志に反してまで行為を強制することとは別である。それゆえ、美的教育は自由原理に抵触しない。しかし、その一方で、美的で崇高な価値を鼓舞することが相手にとって害悪と感じられるならば、それは他者への危害を禁ずる自由原理によって規制される行為となる。

A System of Logic, Ratiocinative and Inductive,
being a Connected View of the Principles of Evidence
and the Methods of Scientific Investigation, 1843.

A SYSTEM OF LOGIC,

RATIOCINATIVE AND INDUCTIVE:

BEING A

CONNECTED VIEW OF THE PRINCIPLES OF EVIDENCE

AND THE

METHODS OF SCIENTIFIC INVESTIGATION.

BY

JOHN STUART MILL.

EIGHTH EDITION.

NEW YORK:
HARPER & BROTHERS, PUBLISHERS,
FRANKLIN SQUARE.
1881.

『論理学体系』――『論理学体系』の第６巻第12章では、「道徳科学」の論理について論じられている。道徳科学とは、現代で言う人間科学や社会科学のことであるが、その中には、人生の目的を決定する倫理学と、その目的を実現するための手段を探究する科学が含まれている。前者の倫理学については、「道徳」「分別」「美学」の三部門を区別すべきことが論じられている。この「生の技術」の三部門の区別は日本ではこれまであまり注目されてこなかった。しかし、この三部門の区別は、ミルの他の著作での主張の前提になっているため、それなしにはミルの主張を正しく理解することはできない。『論理学体系』の第６巻は、松浦孝作によって1967年に邦訳されたが、2020年に刊行された江口聡・佐々木憲介編『論理学体系４』（京都大学出版会）に収録されている。そこでは、「生の技術」は「人生のアート」と訳されている

第5章

ミルの自由主義の基礎
◻ 決定論と自由の問題

第1節　自由原理と自由の概念

　本章では、2章と3章で論じた自由の問題を、そこでの考察とは異なる観点から論じてみたい。すなわち、心理学的決定論と自由の関係についてである。人間の行為が科学的に決定されていれば、人間に自由はないと考える立場もあろう。しかし、2節以降で見ていくように、ミルはこの立場を採らない。人間は、行為を支配しているある種の因果関係を知ることによってこそ、不可避であるように見える自らの性格や行為を変えることができるとミルは考えるからである。このような科学を確立することは、もちろんある国民の性格や行為を改善したいと願う政治指導者に役立つだけでなく、一人の個人にとっても役立つものであるとミルは考えている。というのは、個々人は、性格形成に関する科学を自分自身にも適用することができるからである。

　ここにおいて、政治的・社会的な自由と、一見それとはまったく別次元である自由意志の問題が関わりあうことになる。行為や性格形成に関する科学の存在は、個々人の社会的自由の必要性を否定するわけでは必ずしもない。というのは、諸国民の性格が多様であるのと同様に、個々人の性格も多様であり、社会的自由はその多様性を促進しうるからである。ミルにとって、人間の行為や性格に関する因果法則を探究することは固定した性格の存在を主張することではない。むしろ、ミルが打ち立てようとしたものは、多様な外的環境が人間の性格形成にどう作用するかという性格形成に関する科学であったのである。本章では、こうした科学の確立を説くミルの主張が、どのよ

うに社会的自由の正当化を可能にしているのかを明らかにする。

　ミルは社会的自由を主題とする『自由論』で、「一つのきわめて単純な原理」（Mill, 1977b, p.223）として自由原理を論じている。自由原理とは、他者に対してその人の意志に反して干渉してよいのは自己防衛の場合だけである、とする原理である。ミルが自由原理を正当化する理由の一つに、個々人の自分自身による性格の改善可能性に対する期待がある。しかし、個々人に社会的自由を与えれば、それだけで個々人が自ら性格を改善しようとするとは言い切れない。

　たしかにミルの自由原理は、それ自体としてはバーリンが述べた「消極的自由」を主張しているにすぎない。消極的自由は、人が何であれ欲することは、それが他の人の害悪とならない限り行われるべきだということを意味する。しかし、ミルが単に消極的自由をそれ自体のために擁護しているのであれば、前章まで見てきた彼の教育思想全体と矛盾することになる。それだけではない。単に消極的自由の擁護だけが目的であれば、ミルが『自由論』で、大衆の画一的な順応を自由への脅威として論じていることも理解できなくなる。消極的自由の概念からすれば、自分の意志に反して他人の意志に従うことは自由ではないが、たとえ自分の意志が完全に他人の意志によって作られたものであるとしても、その人は自ら欲したことを行っている限りで自由である。しかし、ミルにとってこのような状態は自由ではない。それゆえ、ミルは自由原理とは別に、自由の概念を想定していることになる[1]。消極的自由は自由を実現する必要条件ではあるが、消極的自由だけで自由が実現されるわけではない。

　しかし、反対に、なぜ消極的自由は自由の必要条件なのであろうか。それは、消極的自由によって獲得される選択の自由が、自分自身の意志と呼びうるものをもたらすと考えられているからである。しかも、選択の自由は、自由であるという意識をもたらすだけでなく、実質的にも異なった結果をもたらさなければならない。というのは、単なる自由の意識は、慈悲深い専制君主や巧妙な売り手が臣民や買い手の動機を条件づけることによってもえられるかもしれず、その際、自分の意志は結局他人の意志によって作られているからである。

このように巧妙に操作された人を不自由と呼んでよいとすれば、次に、このような人はいかにして自由になりうるのかが問われなければならない。ミルは『自由論』で、「この論文の主題は……市民的あるいは社会的自由である」（Mill, 1977b, p.217）と述べて、そこでは「意志の自由」の問題を問わないとしている。しかし、社会的自由だけでは、ある人の他人の意志への従属は避けられないのではないか。このように問うとき、社会的自由と意志の自由という二つの問題が関わってくるのである。たしかに、ミル解釈の中には、ミルにおいて社会的自由と意志の自由の問題は無関係であるという立場がある。しかし、既に見たように、社会的自由によってえられる選択の自由が実質的な意志の変化をもたらさないのであれば、社会的自由はミルの自由の概念にとって役に立たないものとなる。そこで、本章では、個人が自分の性格を改善するために、いかに性格形成に関する因果法則の理解が役立つとミルが考えているのかを考察する。それによって、個人の意志形成と性格形成にとってなぜ自由原理が必要なのかを明らかにする。

第2節　道徳科学と自由

既に述べたように、ミルにとって意志の自由と決定論の問題が意志形成や性格形成の問題と関係するのは、性格や意志の現れである行為が因果法則に従うのでなければ、性格を改善できないと考えられたからである。ミルによれば、人間の行為が因果法則に従っているからこそ、行為の原因を知ることによって意図的な行為をすることができ、また、ある行為をしない性格を形成することができる。

ミルのこうした見解を理解するには、彼が精神や道徳も一種の自然現象であると見なしていることを想起しなければならない。ミルは「自然論」で、現実の現象と可能な現象のすべてを意味する自然概念と、人為と対立する意味での自然概念を区別している（Mill, 1969c, pp.374-375）。そうすると、前者の意味では人間の行為も自然の現象だということになる。ミルのこの自然概念が、彼の道徳科学方法論を規定していることは注目すべきである。ミルにとって、道徳科学の方法は自然科学の方法と本質的に同一である。たしかに、

ミルが科学方法論を論じた『論理学体系』には、道徳科学の方法論を個別に扱った第6巻が存在する。しかし、道徳科学に固有の対象は精神や道徳的現象であるけれども、精神や道徳を対象にする科学に固有の方法が存在するわけではないというのがミルの立場である（丸山, 1985, pp.35-36）。

　ところで、精神的ないし道徳的現象に関する科学の確立は、ミルにとっては単に理論的な問題ではなく、実践的な問題であった。ミルは、コントの実証哲学をイギリスに紹介しただけでなく、コントに対する資金援助を惜しまなかったが、それは、ミルが自分の課題をコントの課題と重ねあわせたからである。コントは、「人間科学を観察に基礎づけて、物理学の他の諸分野で用いられている方法でもってこの人間科学を扱うことにより、人間科学に実証的性格を与えること」（サン＝シモン, 1987, p.113）を主張したサン＝シモンの精神を受け継ぎ、19世紀の哲学の建設という課題を自らに課した。ミルはコントの業績を称えながら、フランス革命を支えた18世紀の自然権の思想は、社会を破壊することはできたが、未来を建設することはできなかったと述べている（Mill, 1969a, p.299）。こうしてコントが、ヨーロッパ社会の再組織化という目的のために、観察と経験に基づく人間科学として社会学を創始したことは周知の通りである。

　ミルは、人間と社会に関する実証的な科学の確立が実践的な目的に寄与しなければならないと考える点でコントと一致している。ミルはコントについて論じながら、実証哲学は、社会の進路を「予見あるいは支配」（Mill, 1969a, p.266）するために、観察と経験に基礎を置いた法則を発見しようとする、と述べている。ミルはコントとともに、社会の因果法則が発見できれば、善き結果を促進しうるとともに悪しき帰結を避けることができると考えているのである。

　ミルがどこまでコントに従っているのかということについては措いておこう。ここで注目したいのは、ミルにとって実証的な道徳科学は、人間の行為が因果法則に従うという点で決定論を前提とするが、この決定論は自由と両立するということである。この点について、道徳科学の方法論を扱った『論理学体系』の第6巻の最初の部分で決定論と自由の問題について論じているのは理由のないことではない。ミルは、人間の行為が因果法則に従っている

ということが誤って宿命論と同一視されたときに生じる実践的あるいは政治的な帰結を恐れたのであり、道徳科学の確立が自由と両立することを説こうとしたのである。では、ミルはいかにして決定論と自由を両立させているのか。そこで、まず、ミルの決定論を検討した上で、次に、それがいかにして自由と両立しうるとされたのかを見ていく。

第3節　ミルの心理学的決定論

　ミルは、一種の心理学的決定論の立場から選択意志の自由を否定する。ミルによれば、われわれは好んだことしか選べない。たしかに、これは日常的な考え方に反するであろう。しかし、われわれが好んだことしか選べないというのは、催眠術にかかった人や麻薬中毒者と同じように行為が単一の動機によって決定されているということではない。というのは、「私が好んだと言うとき、もちろんその物事自体とともに、それに付随するすべてのものを含んでいる」（Mill, 1979, p.451）からである。

　この点についてライアンは、「オペラに行きたかったが病気の親戚の枕元にいなければならないと感じた」と言うことは、ミルの観点からしてもまったく普通のことであると言う（Ryan, 1987, p.110）。通常はオペラを好む人がオペラ鑑賞を犠牲にして病気の親戚の見舞いを優先したとすれば、オペラに行ったならば阻止されてしまったであろう他の欲求（病気の親戚の満足など）が存在したということである。このような場合、その人は、オペラに行きたかったが行けなかったと言うであろう。それゆえ、われわれが実際には行わなかったことを選べたかもしれないと考えることはミルの決定論と矛盾しない。つまり、行為が因果的に決定されているということは、諸々の動機が互いに争った結果、最終的に最も強い動機が打ち勝つということなのである。

　しかしながら、ミルのこの見解からすれば、われわれは、道徳的な行為や義務さえも好んで行うということにならないであろうか。実際、ミルの決定論はこのことを肯定するであろう。とはいえ、それは、人間が生まれつき道徳的な行為者であるということではない。ミルは、『功利主義論』で人には生来「同胞と一体でありたいという願望」（Mill, 1969d, p.231）があると述べ

ているから普遍的な利己主義を信じているわけではないが、道徳的な能力に
とってはそのような願望で十分ではないと考えている。それゆえ、人間は好
んだことしかできないという見解を前提とすれば、人間を道徳的な行為者に
するためには道徳を好む性格にまで形成しなければならないということにな
る。

　道徳的な性格を形成するためには、意図的な道徳教育だけでなく、経験か
ら学ぶことが必要である。この性格形成には、感情と知性の両方の陶冶が含
まれる。ミルがこの両側面の陶冶を論ずる際に前提としているのは、ベンサ
ムとミルの父ジェイムズ・ミルから受け継いだ「制裁」概念である。「制裁」
とは、ある行為そのものとは別の動機によってその行為を控えさせたり、促
進させたりする方法である。ベンサムは、「制裁」の種類として、「物理的制
裁」、「政治的制裁」、「道徳的または大衆的制裁」、「宗教的制裁」の四つをあ
げているが（Bentham, 1996, pp.34-37）、これらは悪い行為を矯正するだけで
はなく、効用に適った行為をも促進するとされている。

　ただし、ミルによれば、これらの制裁は、最初は別の目的のための手段と
してある行為を促したり控えさせたりするが、その制裁が恒常的なものにな
れば、もともとは手段であった行為をそれ自体のために行うようになる。ミ
ルは、最初は苦痛を避けるための手段であった行為が習慣となることについ
て次のように述べている。

　　苦痛は長い間一定の事実の結果と見なされてきたけれども、その事実
　は、それをそれ自体苦痛なものにし、特定の場合になんら苦痛な結果が
　感知されない時でさえ精神をそれからしりごみさせる連合にまとめられ
　るのである。……このよく知られた連合の原理に基づいて、たとえ悪い
　ということが単に禁じられていることを意味するにすぎないとしても、
　悪を行うことに対する私心のない嫌悪が自然に生じ、その強さと機敏さ
　において、またその行為の即時性において、反省や他の目的なしに、本
　能や自然な感情と区別されないようになるであろう（Mill, 1979, p.455）。

このように「良心」として内面に確立された制裁は「内的制裁」と呼ばれ

ており、個人の内面における有力な動機となるであろう。しかしながら、ミルにとってこのような「内的制裁」の形成が道徳教育の課題の一つであることはたしかだとしても、この道徳教育は万能ではない。というのは、『功利主義論』でミルが述べているように、「まったく人為的に創られた道徳的連想は、知的な教養が進むにつれて、次第に分析の解体する力に屈する」（Mill, 1969d, p.230）からである。連合によって形成された習慣が疑われるようになると、人は改めて自分の行為の結果を考えるかもしれない。このとき、世論や社会制度がその行為を支持するものでなかったならば、その人はその行為をしなくなってしまうかもしれない。つまり、ここで世論や社会制度は、「外的制裁」としてある行為を是認する力をもつと考えられている[2]。

　ところで、既に述べたように、ミルの心理学的決定論は、行為が単一の動機によって決定されるということを含意していない。ミルによれば、われわれは経験を通じて原因と結果に関する観念をもつ。こうしてえられる知識は、たいていは厳密な因果法則であるよりは単なる経験則であるにすぎないにせよ、思考を通じて行為の決定に影響する。だから、人間の行為が心理学的に決定されるということは、ある動機が即座に打ち勝つということではない。「諸感情の闘争において、なんらかの思考が精神を横切らない一瞬も存在せず、その思考は争う力の一方あるいは他方に強さを加え、あるいはその力の強さを減ずるのである」（Mill, 1979, p.452）。思考は、知識に照らして、行為の目的を達成する手段について比較考量するだけでなく、行為の予見される結果をも考えることを可能にする。また、行為の諸目的そのものを考量することも思考によって可能になるであろう。

　しかしながら、行為とその結果とが経験的な因果関係に従って生じるということと、行為の目的そのものの選択が因果的に決定されるということは別である。たとえば、前者では、空港に行くとき、現在のところ「どこでもドア」はまだ使えず、車か電車で行かなければならないという意味で物理的な因果法則に従うが、空港に行くという目的自体は意志で選択できるとされる。一方、後者では、空港に行くという選択自体が何らかの因果法則によって決定されているとされる。ここでミルは前者だけでなく後者をも想定している。

　たとえば、ともにその目的のための手段がえられる見込みがあり、また、

112

その結果に関してなんら不都合がないと思われる二つの行為があるとしよう。非決定論者あるいは自由意志論者ならば、人間は、このような二つの行為を選択する意志を直接支配できると主張するであろう。つまり非決定論者あるいは自由意志論者は、意志は意志以外のいかなる心理的な要因によっても決定されないと言う。しかし、ミルによれば、「意志は……動機によって決定される」（Mill, 1973-1974, p.842）。そして、動機は連合の産物なのである。

第4節　社会的自由の正当化

　これまでミルの心理学的決定論について概観してきた。しかし、本章での問題は、この決定論がどのようにしてミルの自由主義と両立するのか、ということであった。ミルは、この問題を解決するために、オウエン主義者の環境決定論に反対しなければならなかった。ミルによれば、オウエン主義者は、「われわれの行為はわれわれの意志によって決定され、われわれの意志は願望によって、そしてわれわれの願望はわれわれに与えられた動機とわれわれの個人的性格が結合した作用によって決定されると考えている」（Mill, 1979, p.465）。オウエン主義者の主張がここまでならば、ミルもこれに反対する理由はないであろう。しかし、オウエン主義者の主張はこれにとどまらない。彼らはさらに次のように主張する。

　　　われわれの性格はわれわれのために作られているのであってわれわれによって作られるのではないから、われわれは自分の性格およびその性格がもたらす行為に対して責任を持たないし、それらを変えようと試みても無駄であると考えている（Mill, 1979, p.465）。

　このようにオウエン主義者は、他者や社会による性格改善の可能性は認めても、自分自身による性格改善の可能性については否定する。しかし、ミルによれば、性格を改善しようとする意志はそれ自身一つの原因としてわれわれの性格に作用するのである（Mill, 1973-1974, p.838）。
　もっとも、ライアンが指摘するように、性格を変えようという意志自体が

どのようにして生じるのかは明らかではない。ミルは、「人間の性格はその欲求、信念、性向などの総計であるという見方」(Ryan, 1987, p.117) をオウエン主義者と共有している。しかし、この見方からすれば、「変わりたいという願望は既にその人の性格の一部であるか、そうでないかであると思われる。もしそうでないならば、変わりたいという欲求を持たせる何かがその人の性格の中にあるかないかであり、もしその何かがないならば、変わりたいという欲求はたまたまその人に生じるにすぎないであろう。言い換えれば、その欲求は、その人が持つことを選ぶと合理的に期待されうるものではないし、選ばないことで非難されうるようなものでもない」(Mill, 1979, p.465) のである[3]。

　そうなると、結局、自分の性格を変えようという意志は他律的に与えられるほかないのではないか。実際、ミルはこの問題に答えていない。それはおそらく、「思想 (ideas)」を性格形成の一つの要因と見なしていたからであろう (Mill, 1977c, pp.197-198)。「自然論」でミルは、「書物を通じて伝えられる人類の一般的な感情からの助け、また現実あるいは理想の気高い人物の観照からの助けなしで、どんな自己修養が可能であろうか」(Mill, 1969c, p.396) と述べているのである。

　そうは言っても、ミルの心理学的決定論からすれば、このような要因は人間の意志を直接支配するというよりは、性格に間接的に作用するものであろう。というのは、われわれが意志を支配できない限り、これらの要因は、われわれの性格を改善する一つの手段にすぎないからである。ミルによれば、われわれは、「適切な環境に基づいてわれわれの性格に作用する、自然がわれわれの両親と教師に与えたのと同じようにわれわれにも与える手段を利用しなければならない」(Mill, 1979, p.466) のである。

　このようにミルは、個人は自分の性格を直接支配することはできないが、性格を形成する因果法則を知ることを通して、間接的に性格を変えられると考えている。そして、ミルは人間が自分自身によって性格を改善する可能性を確信したからこそ、社会的自由を擁護することができる。われわれは、単一の因果法則によって行為を強制されているのではなく、様々な原因と結果に関する知識を習得するのに応じて、行為の様々な可能性を比較考量できる

ようになる。それゆえ、個々人の行為が因果的に決定されているとしても、彼らが好む行為は非常に多様なものとなるであろう。このことは、少なくとも、ミルが社会的自由を擁護する理由の一つであると言うことができよう。

　もっとも、他の人がある人にとっての善や利益となるものを完全に知っているとすれば、個人に選択の自由を保障する根拠はなくなるであろう。しかし、ミルの想定では、個々人は「自分自身の幸福に最も関心をもっている」のであり、「他の人がその人の幸福に対してもちうる関心は、強い個人的愛着がある場合は別として、その人自身がもつ関心に比べればささいなものである」（Mill, 1977b, p.277）。それゆえ、他の人に明白に危害を及ぼす危険もないのにある人の行為を妨げることは、前章まで見てきたように、ときには子どもなどを例外とするとしても、その人の可能性を制限することと考えられたのである。この考えは、「生の多様な実験」（Mill, 1977b, p.261）を擁護することと軸を一にしている。ミルは、個々人が自分自身の選択を通じてその人の個性を発達させることを理想としたが、それは個々人に対して他の人に干渉されない領域を確保することによって可能になる。自由原理はそのための手段として導入されたのである。そして、このようにして確保された領域の中で各人が自分自身の仕方で自分の性格を形成できることこそ、ミルにあって単なる消極的自由とは異なる自由の概念をなしているのである。

　さて、最後に本章の結論を要約すれば、以下のようになる。ミルが自由原理を導入したのは、それによって保障される選択の自由を通じて、各人が自分自身の仕方で自らの性格を形成することが理想とされたからである。そして、このような性格形成の自由は、人間の行為や性格が因果的に決定されていることと矛盾しないと思われた。というのは、原因と結果に関する知識を通じて、われわれは自分の性格に作用することができるからである。

第5節　ミルの教育思想における功利主義と自由主義の両立
——第1章～第5章のまとめ

　第1章～第5章の議論は、全体として、ミルの功利主義的な教育思想はなぜ自由主義を正当化するのか、しかし、それと同時に、子どもの自由につい

ては、教育の名においてどこまで制限されるのかいう問題に関わっていた。ここでは、第1章から第5章の各章の成果を簡潔に要約しておきたい。

　第1章では、功利主義の二次的原理というミルの概念に注目しながら、教育が自由原理などと並ぶ二次的原理の一つであることを明らかにした。教育は社会全体の最大幸福の実現のための不可欠な要素である。また、ミルが道徳教育を、功利主義そのものを社会の構成員に対して正当化するための条件と見なしていることを明らかにした。

　第2章では、ミルの功利主義が自由主義を正当化するのは、とりわけ高次の諸能力を発達させるには自由が必要だからであることを明らかにした。

　第3章では、ミルの質的功利主義にとって自由の尊重が重要である一方で、一定の教育もまた不可欠であることを、道徳・分別・美学という生の技術の三部門に注目することによって明らかにした。つまり、美学に基づく高次の諸能力の発達には自由が必要である一方で、道徳と分別の教育は強制されるべきであることを明らかにした。

　第4章では、生の技術の三部門のうちの美学の領域における美的教育の意義とそれと自由主義の両立可能性について論じた。

　第5章では、ミルの心理学的決定論が自由といかにして両立するのかを明らかにした。たしかに、ミルは大人については社会的自由の必要性を主張しているが、それは性格形成の自由を保障するためであり、社会的自由を無条件に正当化しているわけではない。

　次の第6章では、これまで見てきた自由と教育の強制という問題を、正義の観点から再考したい。正義という観点から見た場合、単にある教育内容を教えるために自由を制限するのではなく、個々の子どもの機会が平等になるためにすべての子どもに一定の教育を強制する必要性が生じてくるであろう。また、こうした機会の平等の実現のためには、親が自分の子どもの教育を選択する自由がある程度制限されなければならない場合も出てくるかもしれない。こうして次章では、教育をめぐる正義の問題を、自由との拮抗関係の中で捉えなおしていく。

Principles of Political Economy, with some of their Applications to Social Philosophy, 1848.

PRINCIPLES

OF

POLITICAL ECONOMY

WITH

SOME OF THEIR APPLICATIONS TO SOCIAL PHILOSOPHY.

BY

JOHN STUART MILL.

IN TWO VOLUMES.

VOL. I.

LONDON:
JOHN W. PARKER, WEST STRAND.
M.DCCC.XLVIII.

『経済学原理』——ミルの『経済学原理』は、現代では経済学説としてはほとんど顧みられることはない。しかし、正義論として見ると、ロールズの『正義論』と比肩しうるほどの現代性をもっていると言っても過言ではない。ミルが提示した、努力と報酬の比例という「衡平」の原理は、教育やビジネスを含めた現代の生活の諸領域を規制する1つの規範であり続けているからである。

第6章

ミルにおける教育の正義論

第1節　教育の正義論という視点

　人々が正義を遵守することはミルの自由主義においても絶対に不可欠なことである。ミルの自由主義にあって、人々は正義の規則を遵守することによってこそ、自らの個性を発達させる自由を保障される。それゆえ、教育において正義の領域を画定することは、同時に自由の領域を画定することでもある。ただし、1章と3章で論じたように、自由を守ることはそれ自身正義の規則に含まれている。しかし、正義の規則は自由の遵守以外にもある。そこで、第6章ではミルの正義論について考察し、ミルが正義論をどのように教育に適用しているかを明らかにしていく。

　ミルの義務教育論に関しては、これまで主に市場の失敗を是正するための国家の介入という側面が強調されてきた（E. G. West, 1964）。しかし、本論で見ていくように、ミルの義務教育論を正しく理解するには、教育によって機会の平等という分配的正義を達成するために国家が介入するという側面も無視できない。ところが、教育をめぐる規範的な議論にミルの名前が登場する場合にも、機会の平等よりも自由の擁護という側面に言及されている（Nash, 2004, pp.368-369）。ミルにおける教育論と政治経済学の関係を分析したサミュエル・ホランダーは、ミルの教育改革案が正義に基づくものであることに言及している。しかし、そこでの正義の原理がいかなるものかを詳細に論じているわけではない（Hollander, 1985, p.719）。このように、義務教育に関するミルの主張を分配的正義という視点から読み解こうとする研究はこ

れまで存在しなかった。

　しかし、ミルにおける義務教育論について考察するとき、本論で見ていくように、功績原理や、努力と報酬の比例という衡平原理などの分配的正義が教育に何を要求するかという視点が不可欠である。そもそも分配的正義はアリストテレスが提出した概念である。アリストテレスは、完全な徳を意味する全般的正義と特殊的正義とを分けたうえで、特殊的正義を矯正的正義と分配的正義とに分けている。矯正的正義は、算術的比例に即して、価値に関係なく均等に公平であることを命ずる（アリストテレス，1971）。たとえば犯した罪の分だけ罰を受けるのは矯正的正義である。一方、分配的正義は、幾何学的比例に即して、功績に応じて名誉や政治的地位を分配すること命ずる。つまり、アリストテレスにおいて、分配的正義とは優れた人にふさわしいものを分配することである。

　ここで重要な点は、アリストテレスにとって分配とは、個人が個人に分配することを意味したことである。ところが、ハイエクが指摘しているように、ミル以降、分配の主体は社会となった（Hayek, 1978, pp.63-64）。ミルは、功績と報酬の比例というアリストテレスの分配的正義を継承しつつも、功績に値するかどうかの規準として努力を重視している。ミルは遺稿である「社会主義論集」で次のように言う。「分配的正義という観念、つまり成功と真価（merit）の、あるいは成功と努力の比例という観念そのものは、社会の現状においては、虚構の領域へと追いやられるくらい、明らかに空想的である」（Mill, 1967, p.714）。このようにミルは、功績と報酬の比例あるいは努力と報酬の比例を分配的正義と見なしている。ミルは分配的正義の問題を明示的に論じていたのである。

　しかし、ロールズは、功利主義は分配的正義の問題を適切に扱えないと論じている。ロールズによる功利主義批判の要点は、功利主義が分配原理の基礎として最大幸福を主張する以上、功利主義は社会の全構成員の幸福の総計にしか関心をもたないということである。功利主義は構成員の幸福の総計のみを問題にする以上、その幸福がどのように分配されるべきかという問題を適切に扱うことができない（川本，1986, pp.91-94／長岡，1989, p.225／Rawls, 1999）。ここでロールズは功利主義一般を批判しており、ミルの功利主義を

名指ししているわけではない。しかし、ロールズのこうした批判が、ミルの分配的正義論に注目することを妨げてきたと思われる。

　とはいえ、ミルの分配的正義論に注目した研究がまったくなかったわけではない。フレッド・バーガーは、「ミルの著作における経済的正義の最も基本的な原理は、経済的報酬はある人の労働あるいは努力と比例すべきだという原理である」（Berger, 1984, pp.166-167）と述べている。馬渡尚憲は「ミルの「公平」「平等」の原理的研究は相対的に遅れている」（馬渡, 1997, p.379）としつつも、馬渡自身、ミルにおける公平（本書ではimpartialityを「不偏」と訳す）や平等について論じている。バリー・クラークとジョン・エリオットは、ミルにおける正義の主観的規準と客観的規準を分けたうえで、前者を「自己発達の追求から生じる個人的利益と期待」（Clark & Elliott, 2001, p.475）とし、後者の規準として真価をあげ、「ミルは真価の規準として、努力（exertion）、勤勉、犠牲、貢献、骨折り（effort）に頼っている」（Clark & Elliott, 2001, p.476）と言う[1]。

　しかし、これらの研究はそうした分配的正義が教育の正義にいかに応用されているかを論じているわけではない。そこで、本書は、ミルが功績原理や、努力と報酬の比例という「衡平（equity）」原理をどのように教育の正義に応用しているのかを明らかにする。それによって、功利主義は分配の問題を適切に扱うことができないというロールズの批判に応答したい。

　そのために、本章では、まずミルの功利主義的な分配的正義論を再構成したうえで、教育の正義に関するミルの主張がどのようにミルの分配的正義の諸原理から導かれているのかを明らかにする。つまり、不偏、功績、衡平といったミルの分配的正義の諸原理に基づけば、すべての人々が少なくともある一定程度の教育を受ける権利を正当化できることを明らかにしたい。とはいえ、ミル自身は、教育を受ける権利の平等に関する見解を分配的正義の諸原理から明示的に導き出しているわけではない。それゆえ、本章の目的にとっては、教育の平等に関連するミルの諸見解を彼の功利主義とそこから導かれる分配的正義の諸原理によって体系的に説明するために、ミルの議論を再構成することが求められる。

　そこで、本章では、教育を受ける平等な権利をミルがいかに正当化してい

るのかを明らかにするために、以下の手順で考察を進める。（1）まず、ミルにとって正義とは何かを明らかにし、ミルにとって正義が一般的権利の保護を命ずることを明らかにする。（2）次に、不偏、功績、衡平といった実質的な分配的正義の諸原理をミルの叙述から抽出し、それらの諸原理がどのようにミルにおける教育の権利論を正当化しているのかを明らかにする。（3）最後に、教育に対する国家関与の範囲と方法としてミルが提案している制度案が、ミルが主張する教育の正義を本当に達成できるかどうかを検討する。

第2節　正義とは何か

　教育の正義論に関するミルの主張を見ていく前に、本節では正義一般に関するミルの見解を見ていく。教育の正義を問題とするためには、正義とは何かを先に理解しておく必要があるからである。

　ミルは『功利主義論』の第5章「正義と効用の関係について」で正義について詳しく論じている。泉谷周三郎によれば、ミルの問題意識の背景として、「正義の観念が功利の観念よりもいっそう根本的で絶対的なものであるという見解が、功利主義に対する有力な反対意見として当時根強く主張されていたことがあげられる」（泉谷, 1978, p.47）。それゆえ、ここでのミルの目的は、正義という厳格な規則の遵守と効用に対する考慮が矛盾するという批判に応答することである。つまり、功利主義の目的が最大幸福の促進にあるならば、正義の規則に違反することがしばしば正当化されてしまうという批判に対して答えることである。それゆえ、ミルの主眼は、正義が効用に対する考慮と矛盾しないだけでなく、正義の規則を最大幸福によって正当化できることを主張することにある。

　そのため、ミルは、正義の特定の原理に言及することはあっても、それはその正義の原理が功利主義と矛盾しないことを例証するためにすぎず、正義の実質的な諸原理を功利主義から導き出すことを目的としているのではない。しかし、ミルにおける教育の正義論を正当化するための根拠となる諸原理を見出したいわれわれにとっては、そこでのミルの意図にかかわらず、ミルの

議論を再構成する必要がある。

（1）道徳規範＋処罰感情＝正義
　ミルによれば、正義の感情には、危害を及ぼした人を罰しようという処罰感情と、危害が及ぼされたある特定の個人または個々人がいるという認識、という二つの要素が含まれる。しかし、ミルによれば、この前者の処罰感情はもともと自己防衛の本能に基づくものであり、それ自体としてはなんら道徳的なものではない。
　ある人が共感する範囲が拡大し、またこの共感に知性が作用する場合には、ある人とその人が形成する人間社会の間の利害の共同性を意識するようになる。つまり、処罰感情に共感と知性とが作用することによって、正義を、単に自分だけでなく他者の利益のためにもなる規則と捉えるようになる。そして、処罰感情もそうした全体の善と一致する方向に作用するようになる。つまり、単に自分が害されたからではなく、それが同時に他者の利益にもなる規則を侵害すると考えられる場合に憤慨するようになる（Mill, 1969d, p.249）。ここに正義の感情が一般的便宜と合致する理由がある。こうして正義の感情は、人類の一般的な効用を保護するための行為規則、その規則の違反によって侵害された被害者がいるという認識、加害者を罰したいという処罰感情からなる。

（2）正義の絶対性、通訳不可能性、無限性
　正義とは人類の一般的な効用を保護する行為規則であるということから、ミルは次のように述べる。

　　　正義とはある種の道徳規範に対する名称であり、それは人生の指針となる他のあらゆる規則よりも人間の福利（well-being）にとって不可欠なものにより緊密に関わるものであり、それゆえに絶対的な拘束力をもっている（Mill, 1969d, p.255）。

このように、正義とは、人間の福利にとって不可欠なものを保護するため

の規則である。では、人間の福利にとって不可欠ものとは何か。ミルがあげるのは肉体の滋養とともに安全である（Mill, 1969d, p.251）。安全は、誰もそれなしには生きていけないものである。その他のほとんどの世俗的利益を必要とするかどうかは人によるが、安全はそうではない。「というのは、次の瞬間にその時点で自分より強い誰かによってすべてのものが取り上げられてしまうとしたら、瞬間的な満足だけしか私たちにとって価値のあるものにならなくなってしまうからである」（Mill, 1969d, p.251）。人々が安全を必要とする程度は他の利益に比べてはなはだしいので、「程度の違いが実際には種類の違いになってしまうことがある」。それゆえ、安全に対する要求は「その絶対的な性質、明白な無限性、他のあらゆる考慮と比較することの不可能性を想定している」（Mill, 1969d, p.251）。

　ここでミルは、人が安全を必要とする程度は著しいがゆえに、他の利益のいかなる量とも交換不可能であると述べている。このように、人間の福利にとって不可欠なものを保護するための正義の規則は、他のあらゆる世俗的利益の考慮によっても凌駕されることはない。すなわち、正義は、その絶対性、通訳不可能性、無限性ゆえに絶対的な拘束力をもつのである。

　こうしてみると、ミルは最大幸福を道徳の基準としながらも、ベンサムのような快楽計算を想定していないと言える。馬渡尚憲は、ミルは最大幸福について、ベンサムのような基数的概念ではなく序数的概念を採用していたと述べている[2]。つまり、ベンサムのように、快楽の強さ・持続性・確実性・遠近性・多産性・純粋性・範囲などについて量的に計算しようとはせず、最大幸福に寄与するものの序列を比較しようとしたということである（馬渡, 1997, p.352）。

（3）正義＝権利の保護

　こうしてミルによれば、正義とは、人間の福利にとって不可欠なものを保護するための規則であり、絶対的な拘束力をもつ。では、いかにして正義の規則に絶対的な拘束力をもたせることができるのか。正義の規則に絶対的な拘束力をもたせるためには、権利という形を取らざるをえない。権利は、危害からの保護を社会に対して要求することと、その保護のために権利を侵害

する者を罰することを含意する（Mill, 1969d, p.250）。ただし、権利の保護は必ずしも法律によってのみなされるわけではない。権利とは、「人が所有しているものを法律の力あるいは教育や世論の力によって保護してもらうことを社会に対して正当に請求できるということである」（Mill, 1969d, p.250）。このように、権利とは、法律と世論のような外的制裁によって保護されるだけではない。教育によって個人の道徳感情を形成することによっても保護される。

　正義が権利の保護を含意する点で、正義は他の道徳規範と区別される。まず、正義をも含めた道徳的行為とその他の非道徳的な行為とを区別する指標は、その行為が強制されるべきものであるかどうかにある。たとえば、他の人がある行為をするために好感をもったり、それをしないために嫌悪したりすることがあっても、その行為を強制すべきでないならば、それは道徳的行為とは呼ばれない。そうした行為は、便宜や価値の領域に属しており、道徳の領域には属さない。つまり、正義を含めたあらゆる道徳とは義務化される規則である。

　次に、正義を含んだ道徳と非道徳の区別ではなく、正義と道徳の他の諸部門を区別する指標は何であろうか。この区別は、「完全義務」と「不完全義務」の区別に対応させることができる。完全義務とは、それによってそれに対応する権利がある人あるいは人々に生じる義務である。一方、不完全義務とは、「いかなる権利をも生まない道徳的義務であり、……たしかにその行為は義務ではあるが、それを実行する特定の時期についてはわれわれの選択に委ねられている」（Mill, 1969d, p.247）。

　後者の例としてミルがあげるのは寛大や慈善である。寛大や慈善について、われわれは、ある特定の個人に対してそれらの徳を実践する義務を負っていない。それに対して、「正義とは、行うことが正しくて行わないことが不正であるようなものだけでなく、ある個人が自らの道徳的権利として私たちに要求することができるものを含意している」（Mill, 1969d, p.247）。つまり、正義とその他の道徳の諸部門を区別するには、（1）それをいつ行うか、誰に対して行うかを選べるかどうか、（2）ある人ないしは人々に対して権利を要求することができるかどうか、によって決まる。デイル・ミラーはこれを

「選択規準」と「権利規準」と呼ぶ（Miller, 2012, p.75）。義務を行使する時期や相手を選択できるならば正義ではなくて道徳である。また、道徳的義務については人や社会に対し権利として要求することはできない。

　人や社会に対して権利として要求できるかどうかというときにミルが想定しているのは、われわれは危害の防止を権利として要求できるが、積極的な善行を権利として要求することはできないということである。「人は他者から恩恵を受けることは必ずしも必要としないかもしれないが、他者が自分に危害を及ぼさないことをつねに必要としている」（Mill, 1969d, p.256）からである。ただし、危害とはなんらかの利益を害することであるから、そこではたとえば安全や肉体の滋養のような積極的な福利が前提とされており、それに危害を及ぼさないということである。

　また、『自由論』での記述を踏まえれば、危害には「作為の有害」だけでなく、「不作為の有害」も含まれる（馬渡, 1997, p.363）。不作為が危害になるのは、それが「他人の利益のための積極的な行為」を個人に正当に強制できることを前提としている（Mill, 1977b, pp.224-225）。たとえば、法廷で証言すること、兵役・納税、人命の救助、弱者の虐待からの保護、これらをあえてしないことは不作為の有害にあたる。教育について言えば、親は子どもに教育を受けさせる積極的な義務を負っている。

　　　一人の人間をこの世に生み出した以上、他人と自分のために人生でその職分を果たせるようにさせる教育をその人間に与えることが、両親（あるいは現行の法と慣習に従えば父親）の最も神聖な義務の一つであることは、ほとんど誰も否定しないであろう（Mill, 1977b, pp.301-302）。

　それゆえ、両親がその子に教育を受けさせないことは不作為の有害にあたるであろう。

（4）一般的権利vs.功績原理

　先述したように、『功利主義論』の第5章「正義と効用の関係について」でのミルの意図は、最大幸福の促進と正義の遵守が矛盾しないこと、そして、

正義の規則を正当化するには最大幸福に訴える必要があることを主張することにある。そのため、様々な正義の原理が効用と矛盾しないことが例証されるだけで、正義の個別の実質的な原理の正しさを論証しようとしているわけではない。そのために、ミルが具体的に提示している個々の実質的な正義原理の内容を理解することが難しくなっている。そこで、ここではあえてミルの意図とは関係なく、ミルの諸々の言明をそれ自体として考察することで、ミルが主張する正義の諸原理を再構成してみよう。

　一方では、最大幸福原理そのものの意味からして、「ある一人の幸福が（種類も適切に考慮されたうえで）他者のものと等しい程度であると想定されるときに、他者のものとまったく同じ程度に価値が認められることがないとしたら、その原理は筋の通った意味をもたない空言である」(Mill, 1969d, p.257) と言われる。貴族の幸福であれ、農民の幸福であれ、同じ量であれば同じように価値があると見なされなければならない。ミルはつけ加えて言う。「すべての人は幸福を要求する権利を等しくもっており、それは、すべての個人が関わっている人間の生活上の抗いがたい状態や、すべての個人の利益も含まれている全体の利益がこの格率に制約を加える場合を別にして、幸福のためのあらゆる手段を要求する権利も等しくもっているということも含んでいる」(Mill, 1969d, p.258)。すべての人は、全体の利益が制約する場合を別とすれば、幸福と幸福の手段とに対する平等な権利をもっている。

　この全体の利益による制約の問題は別として、別の箇所でミルは、不偏とそれに基づく功績原理について述べている。

　　　善によって善に報いたり悪によって悪を押さえつけたりして、各人にその功績に応じて振る舞うことが義務であるとすれば、私たちが等しく優遇されるに値するすべての人を（より高次の義務が禁じていない限り）等しく優遇するべきであり、社会が等しく優遇するに値するすべての人、つまり絶対的に等しく優遇されるに値するすべての人を社会は等しく優遇するべきであるということに必然的になるだろう。これは社会的・分配的正義に関するもっとも高次の抽象的標準であり、すべての制度やすべての有徳な市民の行動は最大限可能なかぎりこの基準に一致させられ

るべきである（Mill, 1969d, p.257）。

　ここで分配的正義とは、人をその功績に応じて公平に扱うべきであること
を意味しており、不偏とそれを基にした功績原理を表している[3]。

　以上の二つの言明を比べてみると、幸福追求とその手段に対する一般的な
平等と功績原理とはいずれも正義の原理であるが、互いに衝突することがあ
りうる。たとえば前者の幸福追求とその手段に対する平等な権利は、個々人
の社会への貢献の度合いにかかわらず、すべての人に一定の生活費を保障す
ることを命ずるであろう。しかし、後者の功績原理は、社会への貢献の度合
いに応じて労働の成果を分配することを命ずるであろう。こうして、馬渡が
述べているように、誰に対しても厳密に平等な「絶対的な功利」と、功績に
応じた賞罰の比例は区別されなければならない（馬渡, 1997, p.360）。厳密な
平等と功績原理はどちらも不偏を前提にしているが、不偏の解釈の仕方ある
いは表れ方はそれぞれで異なっている。前者を一般的権利、後者を功績原理
と呼ぶとしよう。

　教育の場合にも両者を区別することができ、両者は教育の平等をめぐる議
論においてしばしば対立する。つまり、すべての人にある程度までの等しい
教育を提供すべきなのか、それとも、能力という功績に応じて教育の機会を
提供すべきなのかという問題である。

　次節では、こうした問題についてさらに考えるために、ミルが提示してい
る正義の実質的な諸原理と教育の関係を詳しく見ていく。つまり、不偏、功
績、衡平の各原理と教育の関係について考察する。

第3節　分配的正義の諸原理と教育

　前節では、ミルの正義論を検討することを通じて、一般的権利と功績原理
とを区別できることを確認した。前者の一般的権利は、功績があるかどうか
にかかわらず、すべての人に同じ権利を平等に与えるべきだと説く。一方、
功績原理は、より多く社会に貢献した人は誰でも等しくより多くの報酬に値
すると見なす。したがって、功績原理は不偏な分配に基づくが、それは功績

の大小に応じて分配する点で不平等な分配を正当化する。しかし、一般的権利をすべての人に平等に分配することと、功績の大小に応じて不平等に分配することというこの区別にもかかわらず、すべての人が功績をなしうるためにも、すべての人に一定の教育を平等に保障すべきだというのがミルの主張である。このことを本節で見ていこう。このように、功績原理こそが教育に関する一般的権利を正当化するという点では、一般的権利と功績原理をまったく別のものと見なすわけにはいかない。

　ミルの分配的正義の諸原理の中で、功績は中核的な原理である。ただし、功績原理は人々の功績を偏りなく評価するという不偏の原理をそのうちに含んでいる。また、功績原理によれば、社会に貢献した人はそれに見合った報酬に値し、社会に貢献していない人は報酬に値しない。したがって、働いてもいないのに、大きな報酬を得ることは許されない。このことから間接的に導かれるのは、努力と報酬は比例するべきだという衡平原理である。本節では、衡平原理がいかにして機会の平等とそのための教育を正当化するのかを見ていく。そのうえで、機会の平等のための教育を保障するために国家はいかに関与すべきなのかということについてのミルの見解を検討する。

　とはいえ、ミルが考える正義には、機会の平等を達成することだけでなく、個々人の自由を守ることも含まれる。それゆえ、たとえば親が自分の子どもを教育する自由は一定程度保障されなければならず、このことは機会の平等の実現を阻むことになる。そこで、本章では、機会の平等と自由の拮抗関係を明らかにしつつ、ミルが両者をそれぞれどの程度まで保障すべきだと考えているのかを明らかにする。

（1）不偏

　ミルの功利主義にとって、最も基本的な正義は不偏である。不偏は、個々人が社会全体の利益を私心なく判断することを要求する点で、功利主義の前提である。つまり、自分の利益を優先せずに、自分の利益と他者の利益をまったく同じ基準で測ることが不偏の原理であり、それが功利主義の実践を可能にするのである。ミルは『功利主義論』で、「自分自身の幸福と他者の幸福の間で選ぶときには、功利主義は私心のない善意の観察者のように厳密に

不偏（impartial）であることを当事者に要求する」（Mill, 1969d, p.218）と言う。

　このようにミルによれば、「不偏」は最大幸福原理から派生する二次的原理ではなく、最大幸福原理の意味そのもののうちに含まれている第一原理の一部である。というのは、最大幸福を促進する場合には、それが誰のものであれ、等しい量と程度の幸福は等しく評価されなければならないからである。

> 　ある一人の幸福が（種類も適切に考慮されたうえで）他者のものと等しい程度であると想定されるときに、他者のものとまったく同じ程度に価値が認められることがないとしたら、その原理は筋の通った意味をもたない空言である（Mill, 1969d, p.257）。

　たとえば、一人の白人がカレーを食べたい欲求と一人の黒人がカレーを食べたい欲求は、それが同じ量であれば等しく評価されなければならない。このように、不偏の原理は人種や性別による不平等を否定する。

　しかし、功利主義における不偏の原理はこれまで批判されてきた。すなわち、誰の快楽であってもその量が等しければ等しく数えよということは、必ずしも平等な権利の分配を正当化するわけではない、という批判である（長岡, 1989, p.225／Rawls, 2007, p.279）。というのは、功利主義にとって不偏が意味するのは、すべての人の幸福は効用計算において同じ資格をもつものとして考慮されなければならないということにすぎないからである。それゆえ、センが言うように、たとえばより大きな快楽を享受しうる人間とより小さな快楽しか享受できない人間がいるとすれば、功利主義に基づく不偏の原理は、より大きな快楽を享受しうる人間により多く分配することを正当化してしまう（Sen, 1982, p.357）。たとえば、Ａ氏はＢ氏の２倍の量のカレーを食べられるだけの胃袋をもっているとすれば、Ａ氏にＢ氏の２倍のカレーを出すことは正当化される。

　セン自身は、主観的な満足を指標とする功利主義とともに、権利、自由と機会、所得と富、自尊心の社会的基礎といった社会的基本財を指標として正義を測定するロールズの正義論をも批判し、何ができるか（to do）、どういった状態になりうるか（to be）というケイパビリティを指標とするケイパビ

リティ・アプローチを提唱している。ケイパビリティとは、栄養状態が良好なこと、回避できる病気にかからないこと、早死しないこと、自尊心をもっていること、社会生活に参加できることなどの諸々の機能（functioning）を選択しうる機会と自由を意味する（Sen, 1995）。

　ケイパビリティ・アプローチの検討は他日を期するほかないが、功利主義に対するこうした批判がなされるのは、不偏と最大幸福の関係については複数の解釈がありうるからである。ミルは、不偏が最大幸福の意味に直接含まれていると言う。しかし、反対に、不偏そのものから最大幸福原理が導かれるわけではない。すべての人の幸福を偏りなく考慮せよという命令と、その幸福の量を合計して最大化せよという命令はそれぞれ独立している。したがって、両者をどのように結び付けるかによって、最大幸福原理の解釈は様々でありうる。

　ウィル・キムリッカは、功利主義が説く幸福の最大化には二つの解釈があると言う 。第一の解釈は、「諸利益の平等な考慮」という解釈である。この解釈では、「各人の生は道徳的観点からは等しく重要であり、それゆえ人々の諸利益は等しく考慮されるべきである」（Kymlicka, 2002, p.32）。この解釈では、功利を最大化するという要件は、人々を等しく考慮するという優先的な要件から引き出されるにすぎない。それに対して、第二の解釈は「目的論的功利主義」である。それによると、「善の最大化は派生的なことではなく、第一次的なことである」（Kymlicka, 2002, p.33）。この解釈では、全体の効用を最大化するために、少数の人の幸福が犠牲にされることがありうる。キムリッカが用いる例ではないが、日常的にありうる例を考えてみよう。たとえば、校外学習のため、クラス全員で同じ映画を観に行かなければならないとする。ホラー映画を観たい生徒が二人、恋愛映画を観たい生徒が 8 人いるとしたら、恋愛映画を選ぶことが効用を最大化することになる。この場合、各生徒の観たい映画に対する欲望の強さは問わないとすれば、全員の希望を等しく計算に入れているので、不偏の条件も満たしている。

　これらの二つの解釈のうちで、ミルの功利主義はキムリッカの言う第一の解釈であると言える。ミルは、「今では人間同士からなる社会は、主人と奴隷の関係を別とすれば、すべての人の利益が考慮されるような関係に基づか

なければ不可能である。対等な人間同士からなる社会は、すべての人の利益が等しく考慮されるという合意に基づいてのみ存在することができる」（Mill, 1969d, p.231）と述べている。すべての人の利益が等しく考慮するということがいかなることを意味するかはこれだけでは明確ではないが、ミルの功利主義にとって、不偏とはすべての人の利益を平等に考慮することである。

　しかし、キムリッカが言うどちらの解釈もともに不偏を前提としている。第一の解釈はすべての人の利益を等しく考慮すべきだと説いているから、不偏を前提としている。一方、幸福の最大化を優先的に主張する第二の解釈も、先述の映画の例のように、誰も排除せず、すべての人の幸福を合計している点で不偏を前提にしている。このように、すべての人の幸福を偏りなく計算すべきということから、直ちに特定の分配原理を導き出せるわけではない。スカラプスキーが言うように、「非常に幅広い同等でない分配諸原理が、誰かの幸福を他の人の幸福よりも重要とは見なさないという意味では不偏である」（Skorupski, 2007, p.23）。先述したセンの批判のように、功利主義は、より大きな快楽を享受しうる人間とより小さな快楽しか享受できない人間がいるとき、前者の人により多く分配することを正当化しうる。というのは、人々の幸福の量を同じ基準で測っているという点では不偏だからである。つまり、不偏は不平等な分配を正当化しうる。

　こうしてみると、不偏は功利主義にとって前提であるが、不偏がそれだけで何か特定の分配原理を導き出せるわけではない。不偏は他の原理の前提となっているが、他の原理によって実質化されなければならない。この後の節で見ていく功績と衡平の原理は不偏の原理を前提としており、不偏の原理を実質化するものである。

（2）功績

　功績の原理とは、善をなした人は善を受けるに値し、悪をなした人は悪を受けるに値するという原理である（Mill, 1969d, p.242）。そして、不偏に基づき、功績は偏りなく評価されるべきであるから、最大幸福に等しく貢献した人は等しく優遇されるに値するという原理が出てくる（Mill, 1969d, p.257）。

　では、この功績原理を教育に応用すると何が言えるのか。まず問題になる

のは、教育とは、人が過去に行った善に対して与えられる報酬なのかどうか
である。ミルはこれには直接答えていない。しかし、先にも引用した通り、
「一人の人間をこの世に生み出した以上、他人と自分のために人生でその職
分を果たせるようにさせる教育をその人間に与えることが、両親（あるいは
現行の法と慣習に従えば父親）の最も神聖な義務の一つである」（Mill, 1977b,
pp.301-302）。だとすれば、教育とは、過去になした善に対する報酬ではない。
むしろ、教育は、将来善をなしうるようにするために与えられるものであろ
う。「ミルは功績の概念を、過去の成果に基づく後ろ向きの概念としてだけ
でなく、功績が個々人の実際の貢献と同様に潜在能力をも反映すべきだとい
う意味で前向きの概念としても理解している」（Clark & Elliott, 2001, p.477）。
では、功績が前向きの概念であるとすれば、どのような教育を与えれば、善
をなしうる能力を養えるのか。

　ここでの難問は、他人と自分にとって何が善となるかをあらかじめ決める
ことができるかどうかということである。功績原理に基づく限り、それが決
められなければ、善をなしうる能力を養うために必要な教育を決めることは
できない。ところが、個性と自由を擁護するミルにとって、そうした教育が
何かをあらかじめ決定することは難しい。これには三つの理由がある。

　第一に、ある人が個性をもつことはそれ自身、他の人にとって快楽となり
うる。ミルにあって善とは幸福である。それゆえ、第2章で述べたように、
功績を評価する際に快楽の量だけでなく質の観点から評価すべきであること
は言うまでもない。それゆえ、功績は、単に短期的な便宜の観点だけでなく、
道徳や美学の観点によっても評価されなければならない。後者の美学には観
照による快楽が含まれる。たとえば、個性を陶冶した人は、たとえその人が
なんら物質的な利益を他の人々に与えないとしても、その人物を観照するこ
とによる快楽を与える点で功績があると言える（Mill, 1977b, p.266）。

　第二に、善をなしうるためには、人は自らの優れた能力を発見しなければ
ならない。そのためには自由が必要である。人は、自分自身にどんな能力が
あるかをあらかじめ知らされているわけではない。個々人は自分の能力を自
分で発見しなければならない。そして、個々人が自らの能力を発見するため
には、自身の能力を試す自由がなければならない。つまり、「生の多様な実

験」(Mill, 1977b, p.261) が必要なのである。

ロールズは、ミルによる自由の正当化の議論にふれながら、「たとえ人間の一般的能力が知られるとしても（実際はそうではないが）、各人はやはり自分自身を見出さなければならず、そのためには自由は必要条件である」(Rawls, 1999, p.184) と述べている。

第三に、善をなしうる諸能力の発達のためには選択の自由が必要である。では、なぜ諸能力の発達のために自由が必要なのであろうか。これについてミルは『自由論』で次のように述べている。「知覚、判断力、識別感覚、知的活動という諸能力、さらには道徳的選好ですら、選択を行うことによってのみ訓練される」のであり、また、「自分の人生計画を自分で選択する人こそ、その人のすべての諸能力を使用するのである」(Mill, 1977b, p.262)。

このように、ミルは個性の発達の意義や、自分の能力を自由に発達させるべきことを主張している。だとすると、すべての人に必要な教育はなく、どのような教育を受けるかについても、人々の自由に委ねるべきなのか。これについては、ミルが『女性の解放』で女性の職業選択の自由を擁護しつつ[4]、様々な職業の前提条件となる教育が必要であることをしばしば強調していることが重要である。たとえばミルは、偉大な芸術家の多くが教養のある人物であったこと (Mill, 1984b, p.317)、絵画を描くには「一般的な精神能力 (general powers of mind)」が必要であること (Mill, 1984b, p.317)、直観的な知覚能力をもつ人でさえ、読書と教育によって他者の経験の結果を知るようになれば、より巧みに物事を処理できるようになること (Mill, 1984b, p.305)、に言及している。それゆえ、職業選択の自由の保障のみならず、その職業で卓越性を示しうるために「一般的な精神能力」を陶冶することが必要である。

こうしてミルにとって、教育は自立や自己発達を妨げるものではなく、自立や自己発達を促すものである。「教示は援助なしですますための援助なのである」(Mill, 1965, p.949)。それゆえ、ミルは、すべての子どもに初等教育を提供できるようにすることは政府の義務であると結論づける (Mill, 1965, p.950)。

ただし、知的教育の目的が自立と自己発達にあるとすれば、その場合に必要となる教育は単に特定の知識の習得だけを意味するものではない。ミルは、

単なる知識の詰め込みと思考する能力の陶冶とを一貫して区別している。た
とえば、ミルは「天才論」という論文で、ギリシアとローマの教育を次のよ
うに称賛している。

　　教育は……いわゆる知識を与えること、つまり他の人の考えを手ごろ
　　な大きさにして教え込んだり、詰め込み（cram）の形で与えたりするこ
　　とにあったのではない。教育は考える能力そのものを形成するための一
　　連の訓練であったのである。……そのようにして力が形成されるならば
　　……人が知ることは、その人自身の感覚あるいはその人自身の理性を用
　　いることによってえられたその人自身のものである。そして、どんな新
　　しい習得も、既にえられた力を働かせることによって、その力を強化す
　　るのである（Mill, 1981b, pp.335–336）。

　知識の詰め込みは、他の人の意見や表現を「鸚鵡返し」（parrot）する習慣
を生んでしまうのであり、自分自身の意見を形成する力を養うことができな
い（Mill, 1981a, p.35）。したがって、自立と自己発達を促すためには、教育に
よって自分自身で考える力を養わなければならない。ミルは、自分が父から
受けた教育がまさにそのようなものであったと述べている。

　　いかなる科学教授（scientific teaching）の方法も、父が私に論理学と
　　政治経済学を教えた方法以上に徹底的で、諸能力を訓練するのにふさわ
　　しい方法はこれまでなかったと思う。父は、私にすべてを自分で発見さ
　　せることによって私の諸能力の働きを呼び起こそうと行き過ぎたほどに
　　まで骨を折ったので、私が十分に難しさを悟った後でしか説明をしてく
　　れなかった（Mill, 1981a, pp.31–33）。

　このように、ミルの功績原理は、将来自分と他者に対して善をなしうる人
間を形成するために教育を要求する。しかし、その善の内容は、個性の発達
というミルの主張を前提とする限り、あらかじめ決められるものではない。
ただし、個性の発達が重要だとしても、同時に一般的な精神能力の陶冶は不

可欠となる。そして、こうした精神能力を陶冶するための知識の教示は、知識の教え込みであってはならず、考える力を養うものでなければならない。

（3）衡平

不偏と功績に加えて、ミルの功利主義における分配的正義の本質をなすのは衡平原理である。より正確に言えば、衡平原理は功績原理から派生したものであると言える。

既に述べたように、功績の原理とは、社会に対してより大きな善をなした人はそれだけ大きな善、すなわち大きな報酬を受け取るに値し、より小さな善しかなさない人にはそれに応じた小さな報酬を受け取るに値するという原理である。この功績原理からすると、自分の能力を使って社会に貢献していない人は、大きな報酬をえるには値しないということになる。それゆえ、ミルは『経済学原理』で、「人が自分の能力を用いないで、他人の恩恵のみによって獲得するものに対しては、制限を加えることに異存はない」（Mill, 1965, p.225）と言う。

大きな報酬を受けるに値するのは、それに見合うだけの自分の力を用いたからである。それゆえ、ミルは『自伝』で次のように言う。

> われわれは、社会がもはや働かない者と働く者に分けられなくなる時代を待ち望んだ。つまり、働かざる者食うべからずという掟が、貧者だけでなくすべての人に偏りなく適用される時代、労働の生産物の分配が、現在非常な程度にまでそうなっているのとは違って、生まれの偶然によって左右されるのではなく、公認された正義の原理に基づく協定によってなされる時代を待ち望んだ（Mill, 1981a, p.239）。

このように、ミルは功績原理に基づき、当時の富裕階級の一部が、生まれの偶然によって自分の力を用いずに大きな報酬をえていることを批判した。

この功績原理から「報酬と努力（exertion）の比例という衡平原理」（Mill, 1965, p.208）が導かれる。大きな努力をした人はそれに見合った報酬に値する。というのは、財産などの報酬は本人の努力によって社会に貢献したこと

に対して与えられるべきであり、その人が豊かな家庭に生まれたということ
に対して与えられるべきではないからである。それゆえ、衡平原理は、「す
べての人が競争において公平にスタートする」（Mill, 1965, p.207）ために、人
生の成功に寄与する努力以外の要因を制限するように命じる。
　そのためにまず要求されるのが遺贈税や相続税である。

　　　ある一人の人が贈与、遺贈あるいは相続により獲得することを許され
　　る金額を制限することが、自らの努力によって稼いでいない人々の手に
　　大きな財産が蓄積されるのを制限するために採りうる一つの方法となる
　　であろう（Mill, 1965, p.811）。

　このように、遺贈税や相続税は努力と報酬の比例をある程度可能にするた
めの手段である。
　では、親の遺贈や相続を制限することによって、すべての人に成功のため
の平等なチャンスが与えられるであろうか。おそらく、それだけでは、努力
以外の要因として遺伝的な才能の不平等が残ってしまうであろう。ミル自身、
大きな努力をしたとしても、才能の差があったために失敗する事例に言及し
ているが、才能と努力の関係についてはそれ以上論じていない（Mill, 1965,
p.811）[5]。
　この才能と努力の関係という問題は措くとして、公平なスタートのための
もう一つの手段が教育である。

　　　親は……子どもに、自分の努力によって成功を遂げられる公平な機会
　　からスタートできるような教育と手段をできる限り提供しなければなら
　　ない。すべての子どもはこのことに対する請求権をもっている（Mill,
　　1965, p.221）。

　そして、親が子どもに教育を与えることができない場合には、「小学校に
金銭的補助を与え、貧しい人たちの子どももすべて無料で、あるいはほとん
ど気づかれないくらいわずかな支払いで入学できるようにすることは……政

府の義務であると考える」(Mill, 1965, p.950)。このように、衡平原理は、親がその子に教育を提供できない場合には、政府が学校の授業料を補助することによって、すべての子どもに一定程度の教育を平等に提供することを命ずるのである。

こうして、才能の不平等という障害は残るにしても、課税と教育という手段を与えることによって、努力と報酬の比例という衡平原理をできる限り実現することがめざされる。しかし、この衡平原理を実現するには、才能の不平等以外にもう一つの障害がある。それは、各家庭の親の子どもに対する教育努力の不平等である。親がその子に他の子どもよりも多くの教育を提供すれば、より少ない教育しか受けていない子どもにとっては不利になるであろう。したがって、親の教育努力の不平等は、すべての人が自らの努力によって公平にスタートすべきだとする衡平原理の実現を妨げるであろう。

しかし、ミルは、この親の教育努力の不平等は、自由な社会にあっては制限されるべきではなく、望ましいものですらあると言う。

　　　私は、子どもが単に子どもとして道徳的に要求しうる程度より以上のことを、親が子どものためにしてやってはならないということだと解釈してほしくはない。はるかにこれ以上のことを親が子どものためにしてやることは、ある場合には必須であり、多くの場合称賛に値し、常に許されることである (Mill, 1965, p.223)。

衡平原理は、努力と報酬の比例を要求し、そのためにすべての人の公平なスタートを要求する。しかし、この衡平原理の実現を妨げるのが、生まれもった才能の不平等と親の教育努力の不平等である。衡平原理を完全な形で実現させるには、遺伝子操作によって才能の不平等を除去し、家族を廃止するしか方法はないであろう。しかし、ミルはそのようなことを望んでいるわけではない。

家族の自由というものの価値をどう考えるべきか。この問題をここで詳細に論じる余裕はない。しかし、一般的に言えば、一方では、家族の自由が正義によって制限されなければならないこともある。ミルは『女性の解放』の

中で、夫と妻が対等であることが正義だと言う。両親が対等であることは、子どもにとっては感情と行為の模範となる（Mill, 1984b, p.295）。また、ミルは両親が子どもに一定の教育を与えないことは神聖な義務に違反すると述べている。このように、正義は家族の自由を制限する。しかし、他方で、家族の自由は最大幸福を促進する可能性もある。このことは、ミルが家族や友人に対しては偏った扱いを許容することにも表れている。従来、功利主義は、友人や家族といった特別な関係に十分に配慮していないと言われてきた（Kymlicka, 2002, p.22）。この点で、既にミル以前から、功利主義はわれわれの日常的な直観に反することを要求していると批判されてきた。しかし、ミルは不偏の原理をつねに適用すべきだとは考えていない。

　　　何かを斡旋できるときに、他の義務に背くことなく赤の他人よりも身内や友人を優先できるのにそうしないとしたら、褒められるよりも非難されるだろうし、友人、親類、伴侶を他の人よりもえこ贔屓したとしても誰もそのことを不正義とは思わない（Mill, 1969d, p.243）。

　このように、ミルは、友人や家族の排他的優先は望ましくさえあることを認めている。

　また、親の教育努力の不平等は、親の自由という理由によっても正当化されるかもしれない。先に述べたように、子どもは親に対して公平な機会からスタートできるための教育を権利として請求しうるのであり、親はこの権利を無視することは許されない。しかし、ミルの自由原理は、他者の害悪にならない行為は個人の自由であるとする（Mill, 1977b）。だとすれば、一定の教育を受けさせないことは子どもにとって危害となるが、その一定の範囲を超えて子どもを積極的に教育することは親の自由の範疇に属すると見なされる。

　このように、生まれつきの才能の不平等と親の教育努力の不平等という限界はあるが、ミルは衡平原理によって機会の平等を定式化している。機会の平等とは、人種、身分や社会的地位、性別などにかかわらず、努力によって成功を勝ち取るためのチャンスがすべての人々に平等に与えられるべきだということである。その際、教育は、相続税や遺贈税とともに、人々に平等な

138

チャンスを与えるための重要な手段の一つと見なされている。したがって、教育の機会もまた、人種、身分や社会的地位、性別などによって制限されてはならない[6]。

しかし、親の教育努力の不平等と才能の不平等とが除去できないとすれば、結局は衡平原理を完全に実現することはできない。それゆえ、努力以外の要因で成功が決まるのだから、誰も真に報酬に値する者はいない。つまり、厳密には、功績に報酬を与えることは不可能なのである（Swift, 2006, p.42）。このことからロールズは『正義論』で、正義の第二原理の一部として格差原理を主張している。格差原理は、最も恵まれない人の利益になるような不平等のみを許容するが、そこには生まれつきの能力の分配を共通の資産と見なす考えが前提にある。では、なぜ生まれつきの能力の分配を共同資産と見なすのかと言えば、誰も生まれつきの優れた能力に値する者はいないと考えるからである。つまり、優れた能力をもって生まれてきたことを誇れる人はいないということである。

もちろん、ロールズも生まれた後の努力によって生まれつきの能力の分配を修正する可能性は認める。しかし、それでも生まれつきの能力の分配の不平等を完全になくすことはできないので、能力の分配は依然として道徳的に見て恣意的なのである。それゆえ、ロールズは、単に能力に恵まれていることに報酬を与えるべきではないとして、功績に基づく分配的正義を否定する（Rawls, 1999）。

一方、ミルは、たとえ個人の能力がその人のコントロールを超えた何かに原因があるとしても、それにもかかわらず、その能力は報酬に値すると考えているように思われる[7]。そして、最低限度の教育以上については能力に報酬を与えるという点で功績の原理を適用している。このことについては次節で見ていく。

（4）教育における分配的正義――本節のまとめ

本節の議論をまとめれば次のようになるであろう。ミルの功利主義にとって最も基本的な正義の原理は不偏である。しかし、不偏はそれだけでは実質的な正義とはならず、他の諸原理によって実質化される。そして、実質的な

正義の原理は功績原理である。功績原理を教育に適用した場合、過去になした善に対する報酬としてではなく、将来なしうる善のために教育されるべきである。しかし、個性の発達への要求を鑑みると、そうした善はあらかじめ特定できない。それゆえ、多様な善をなしうるための一般的な精神能力の陶冶が求められる。

　功績原理から派生したのが、努力と報酬の比例を命ずる衡平原理である。衡平は、子どもたちが公平な機会からスタートできるようにするために、一定の教育に対する子どもの請求権を正当化する。つまり、一定の教育を受けることは子どもの権利であり、その権利はどの子どもにも平等に分配されなければならない。ただし、才能の不平等と親の教育努力の不平等が、衡平の実現を妨げる。

第4節　教育に対する国家関与の範囲と方法

（1）教育に対する国家関与の方法とその正当化

　前節では、功績原理が一般的な精神能力の陶冶を要求するとともに、功績原理から派生した衡平原理が、子どもたちが公平な機会からスタートできるための一定の教育を権利として要求することを見てきた。では、国家はこの権利の保障のためにいかに関わるべきなのか。ミルは、国家がどのように、またどの程度まで教育に関与すべきかを論ずる際に、多様性、自発性、中立性という三つの基準を打ち出している[8]。

　第一に、多様性の観点からすると、国家は教育内容と教育方法についてあらゆる決定を行うべきではない。ミルは、個人の個性の保護から類推して社会における多様性の保護を主張する。そのためミルは、国家が創設し統制する教育は多くの競争し合う実験のうちの一つであるべきだと考えている（Mill, 1977b, p.302）。

　第二に、国家が教育に関与する仕方は中立的なものでなければならない。中立性の原理とは、個性の抑圧を防ぐために、国家が特定の価値判断を国民に押し付けるべきではないということである。

　第三に、国家が教育に関与すべき範囲と方法を考える際には、個人の自発

性の観点を重視しなければならない。いかに有益な事業であっても、国家が
すべてを行うよりも個人の自発性に任せたほうがよい場合がある。その理由
は三つある。第一に、それを政府の機関が行うよりも個人が行った方がより
よくなされるということ、第二に、いかに政府が科学的に効率をあげようと
も、効率よりも個人の精神教育が優先されなければならないということ、第
三に、政府が事業を行うことが政府の権力の増大につながるということ、で
ある（Mill, 1977b, pp.305-306）。したがって、一般に、教育は国家によってで
はなく、個々人の手でなされるほうが望ましい。それゆえ、ミルは教育の
「要求（require）」と「供給（provide）」とを区別する。すなわち、国家が教
育を強制することと、国家が自らの手で教育指導を行うことはまったく別の
事柄だと言うのである。「国家自らの手による教育指導」は、それが効率よ
く成功すればするほど「精神に対する専制政治を確立」する（Mill, 1977b,
p.302）。それゆえ、ミルによれば、社会が遅れているために適当な教師が存
在しない場合や、国民が自発的に教育施設を提供できない場合を除いて、政
府は教師の資格付与や教育施設を独占すべきではない（Mill, 1977b, pp.302-
303）。政府は、あくまで競合しあう実験の中の一つとして、また、教育をあ
る水準に高めるための模範と刺激を与えるために、学校を設置することが許
されるのである（Mill, 1977b, pp.302-303）。

　しかし、国民の最大幸福を考えるのであれば、なぜ国民の自発性が必要に
なるのか。なぜ善良な専制であってはならないのか。これについては、二つ
の観点から答えることができよう。一つには、一旦善良な専制を許容してし
まえば、人々の政治について考える知性や自己改善的な活動力を行使する機
会はなくなる。というのは、諸能力は使用されることによってのみ磨かれる
からである。このことが自発性の原理を正当化する理由である。これは既に
述べた自立と自己発達の要求と直結している。

　もう一つは、『功利主義論』における高次の快楽に関する議論である。ミ
ルは高次の快楽の主張と『自由論』での議論を明確に結びつけているわけで
はないが、両者の関連を読みとれないわけではない[9]。ミルは『功利主義論』
で、高次の能力について次のように述べている。

　人間は動物の欲求よりも高い能力をもち、一度そうした能力が意識さ
　れたならば、その能力の満足を含まないようなものは幸福と見なさない
　（Mill, 1969d, pp.210-211）。

　また、ミルは、そうした高次の能力に由来する高次の快楽について、「高
次の快楽をもちうる多くの人々が、誘惑の影響の下に、ときに高次の快楽を
低次の快楽よりも後回しにするということ」は、「高次の快楽の本質的な優
越に対する十分な評価とまったく両立する」（Mill, 1969d, p.212）と言ってい
る。一方、ミルは『自由論』で、他者に危害を及ぼさない限りでの自由を認
めるべきだという自由原理を、言論と説得によって自己を改善する能力を獲
得した人々にのみ適用している。

　この二つの議論を重ね合わせてみよう。その場合、一旦言論と説得によっ
て自己改善する能力を獲得した人々は、時に誘惑によってそれを後回しする
ことがあったとしても、そうした能力を行使させない生活様式には満足しえ
ないと予想される。つまり、言論と説得によって自己を改善する能力は高次
の能力であり、そうした能力を使用させない生活様式へと退行することに
人々は同意しないであろう。それゆえ、国家がある教育内容や教育方法を強
制するならば、言論と説得によって自己改善するという人々の能力を無視し
てしまうことになろう。

　このように、教育に対する国家関与のあり方を考える場合、多様性、中立
性、自発性というこれら三つの基準が重要である。では、前節まで見てきた
ような一般的な精神能力の陶冶が必要であること、子どもが公平な機会から
スタートできるために一定の教育の権利が正当化されることと、それら三つ
の基準はどのように両立しうるのか。つまり、それら三つの基準に抵触する
ことなく、いかにして一定の教育を受ける権利をすべての子どもに保障しう
るのか。ミルの提案は次の通りである。

　子どもがどのような形であれ教育を受け、かつ最低限度の知識を習得させ
るために公的な試験を強制し、子どもがその試験である一定の成績を収めな
い場合には親に罰金を課すことによって、一定の教育を義務的なものにする
ことができる。この試験で問われる知識は事実と実証的知識に限られるべき

であり、宗教的、政治的その他の論争的な問題に関しては、どちらを支持するかを問うてはならず、最終的な判断を下すための必要な知識のみが問われるべきである（Mill, 1977b, p.303）。

　国家は、このような試験の強制によって、中立性、多様性、自発性の基準に抵触することなく、子どもに一定の知識を習得させることができる。第一に、実証的な知識のみを問うことによって、中立性を守ることができる[10]。公的な試験によって知識の習得を測ることは、学校がその試験で問われるもの以外のことを教えることを妨げない。それゆえ、教育内容の多様性を維持できる。次に、国家は試験によって一定の知識の習得という結果を測るだけであるから、すべての子どもに一定の教育成果を保障しつつ、多様な学校と教育方法を許容できるとともに、市民の自発的な学校運営を促進することができる。つまり、こうした公的試験という方法を取れば、政府は直接学校を設置したり、直接教師を雇用したりする必要はなくなる。

　既に見たように、国家は教育を「要求」するべきではあっても必ずしも教育を「供給」すべきではなく、またその必要もない（Mill, 1977b, p.303）。すなわち、「国家による教育の強制」は必要であるが、国家は「その教育の管理を引き受けること」を必ずしも必要としないのである（Mill, 1977b, p.302）。もっとも、衡平の原理から導かれる機会の平等からすれば、貧しい家庭の子どもが学校に通えるために、国家は学費を援助しなければならない（Mill, 1977b, p.303）。

（２）ミルの制度案の問題点

　以上のように、ミルは国家が公的試験という方法によって一定の教育水準の習得を強制すべきだと主張するが、それ以外の教育内容や教育方法にまで介入することを批判している。しかし、前節まで見てきた正義の諸原理と、ミルが提案する国家関与の方法の間にはいくつかの埋めるべきギャップがある。

　第一に、ミルが自立や自己発達を促す教育方法について論じていることは既に見た通りである。だとすれば、なぜ国家はミルが論じた教育方法を強制してはならないのか。その答えは、ミルが説得や言論を強制と区別している

ことに見出せる。教育方法は人々が言論によって論じあうべきものであって、国家が強制すべきものではないのである。もっとも、こうした国家関与の方法によって、はたして自立的な市民を育成できるかどうかは不確実である。そのことは指摘しておいてよいであろう。

　第二に、公的試験の強制のみによっては、厳密には衡平原理が命ずる機会の平等は達成できないであろう。これは、前節で見た通り、才能の不平等と親の教育努力の不平等によるが、それらに本節で見た教育内容と教育方法の不平等が加わる。いつを人生のスタートと見なすかという問題も別にあるが、これは生まれた時点ではなく、教育の期間を終了した後と見なしうる。というのは、そうでなければ、教育によってスタートの条件を平等にすることはできないからである。しかし、上述した様々な不平等はスタート時点における機会の不平等、すなわち本人の努力以外の要因による不平等を助長するであろう。

　第三に、本人の努力以外の要因による不平等が残るとすると、真の意味で獲得した能力を功績に値すると見なすことはできない。それにもかかわらず、ミルの制度案では、全員が合格すべき「その最小限の一般的知識を超えて、すべての科目に関して任意的な試験が行われるべきであり、この試験で一定の基準の習熟度に達した人は誰でも証明書を請求できるようにすべきである」(Mill, 1977b, p.303)。この提案は、知識や能力を功績と見なし、それに報酬を与えることに等しい。

　しかし、ロールズは、本人の努力のみによってえられたものでない限り、というよりもむしろ、能力は本人の努力以外の要因によってもたらされるほかないから、能力を功績と見なすことはできないと言う。ロールズによれば、誰も生まれつきの能力には値しない。しかし、だからと言って、生まれつきの才能の不平等をなくして平準化しようと主張するのではない。誰も生まれつきの才能の分配に値する人はいないが、その能力を育てて他者のために貢献することによって、報酬に値するというのである。ロールズによれば、ある人が自らの恵まれた能力ゆえに報酬を受けるに値するのは、「生まれつきの才能分配上の地位に対してではなく、彼らが才能を訓練し教育したということ、および、その才能を自分の善だけでなく他の人々の善に貢献するため

144

にも使ったということに対してである」（Rawls, 2001, p.75）。

　エリザベス・アンダーソンは、才能の不平等を社会がいかに扱うべきかについてのロールズの洞察を以下の二点にまとめている。「第一に、財の分配の不平等は、それが全員の利益に資するならば正当化される。第二に、われわれは、人間の知識と才能の非対称な分配を公共財と見なすべきであり、この分配が、全員を利する資源として機能するように社会制度を編成すべきである」（Anderson, 2007, p.621）。アンダーソンはロールズのこの洞察を援用しつつ、能力に恵まれたエリートを自分のためだけでなく他者のために貢献するように導く教育のあり方を考察している。アンダーソンの解答は、階級的・人種的に統合された公立学校で共に教育を受けることである。共に教育を受けることで、エリートは恵まれない人々の問題に気づき、その問題に応答し、感情的に関与でき、偏見を克服でき、互いに信頼関係を構築できるというのである（Anderson, 2007）。

　ミルも、教育によって身につけた知識や能力を、自分のためだけでなく、他の人や人類のために利用すべきだと言う。ミルは『セント・アンドルーズ大学名誉学長就任講演』で、「自分自身を「善」と「悪」との間で絶え間なく繰り返されている激しい戦闘に従軍する有能な戦士に鍛え上げ、人間性と人間社会が変化する過程で生じて解決を迫る日々新たな問題に対処しうる能力を高めること」（Mill, 1984a, p.256）が勉学の目的であると述べている。では、いかにして自分が身につけた知識や能力を他の人のために用いるようになるのか。

　　大学が及ぼしうる道徳的あるいは宗教的影響は、特定の教育よりもむしろ大学全体にみなぎる気風による。大学で何を教えようとも、それは義務感が浸透した教育でなければならない。大学は、人生を価値あるものにするための主要な手段としてあらゆる知識を与えなければならない。つまり、われわれ一人ひとりが人類のために実際に役立つ人間になることと、人類そのものの品性を高めること、つまり人間性を気高く尊くすることという二重の目的のために与えなければならない。気高い感情ほど教師から学生に感染しやすいものはない（Mill, 1984a, p.248）。

　既に述べたように、ロールズは、教育によって身につけた知識や能力を、自分のためだけでなく他者の善のために用いて初めて報酬に値すると述べている。一方、ミルは、知識や能力を身につけることそれ自体が報酬に値するのかどうかについて明確には答えていない。ただし、上述のようにミルも、知識を学ぶ目的は人類のために貢献することだと述べていることを確認しておきたい。

第 5 節　教育をめぐる平等と不平等

　功利主義は分配の問題を適切に扱えないというロールズの批判にもかかわらず、ミルは、功績原理と衡平原理によって、すべての子どもが一定の教育を受ける権利の平等を正当化していることを見てきた。しかし、とりわけミルが提示する衡平原理とそれが含意する機会の平等と、ミルが提案する教育制度案の間には埋めるべきギャップがある。人生のスタートをいつと見なすべきかという問題が未だ明確に答えられていないことは措くとしても、最低限度の知識の習得を公的試験によって強制するというミルの方法では、才能の不平等、親の教育努力の不平等、教育内容と教育方法の不平等を許す以上、人生のスタートの条件を厳密に公平にすることはできない。つまり、努力と報酬を厳密に比例させることはできない。それにもかかわらず、ミルはそうした不平等の力を借りて獲得された能力に報酬を与えているように見える。

　こうしてみると、ミルにあっては、衡平と機会の平等よりも、親の教育の自由や、教師が教育内容や教育方法を選択する自由が優先していると考えることができる。ミルは功績や衡平という分配的正義の観点から機会の平等とそのための教育権の平等を正当化しているが、そうした自由は分配的正義の実現を制限するのである。この自由と分配的正義のトレードオフをどう解決するかという問題は、現代の教育制度のあり方を考えるうえでも避けて通れないであろう。結局ミルは、厳密な意味での衡平は実現できないとしても、優れた能力をもつ人はその能力を人類の幸福に貢献するために使用することによって、報酬に値すると考えているように思われる。

　また、第3節（2）で論じたように、ミルは自分が受けた教育を振り返りながら、単なる知識の詰め込みではなく、考える力を育成する教育方法を主張している。しかし、第4節（2）で述べたような試験を全員に強制するという方法と、考える力を育成する教育方法の間には距離があることはたしかである。この距離を埋めるためには、ミルによる考える力を養う教育方法の主張はあくまでミルの意見であり、言論と説得に訴えることができるとしても、それを強制すべきものではないと考える必要がある。

終　章

ミルの教育思想と自由論・正義論

❑ まとめと今後の課題

第1節　各章の要約

　本書は、ミルの功利主義はいかに教育を正当化しうるかという問題を中心としながら、教育をめぐる自由とその限界と、教育をめぐる分配的正義とその限界を明らかにしようと試みてきた。

　以下では、各章ごとの研究成果を要約し、本書全体の成果を確認する。そのうえで、最後に今後の課題を展望したい。

　第1章～第5章では、主に、ミルの功利主義による自由主義の正当化可能性という問題を検討しつつ、ミルの功利主義を教育に適用した場合に自由主義がどこまで可能かという問題を考察した。

　第1章では、ミルの功利主義がどのようにして彼の教育思想を正当化するのかを考察した。というのは、ミルの教育思想に関する先行研究の多くは各論的な研究に止まっているが、ミルの教育思想を全体的に捉えるためには、ミルが人間の人生の目的を指示するものと見なした功利主義と教育思想との関係を明らかにしなければならないからである。

　ミルの功利主義は、直接最大幸福をめざす行為をするように説く「行為功利主義」ではなく、社会全体の幸福を一般的に促進する傾向にある「二次的原理」に従うことを説く。この二次的原理には「自由原理」が含まれる。自由原理は他者に危害を及ぼさない限りで個々人に自由を許す。それは、自由原理が結果的に社会全体の幸福を促進するからである。しかし、同時に、このような二次的原理には、自由原理だけでなく、「知識の教示」や「利他的

148

感情の陶冶」も含まれ、これらは個人の自由を制限する。こうした知識の教示や利他的感情の陶冶という目的は、子どもに対して、大人と同じ程度の自由を与えるべきではないという主張、すなわち教育の強制の主張につながっている。

　第2章では、ミルの功利主義による自由主義の正当化は可能かという問題を検討した。というのは、ミルの思想において、彼の功利主義は果たして自由主義を正当化できるのか、つまり幸福のためには必ずしも自由は必要ないのではないか、ということがしばしば問われてきたからである。2章では、ミルにおいて功利主義と自由主義は両立しないのではないかというこの疑問に対して、ミルの功利主義における快楽の質の概念を検討することを通じて、ミルの功利主義によって自由主義を正当化できることを明らかにした。

　ミルの幸福概念には、人間的な高次の諸能力を活動させることに伴う高次の快楽が含まれている。その人間的な高次の諸能力の発達のためには選択の自由が必要である。したがって、ミルにとって幸福とは、個々人が自由な選択を通じて自らの能力を発達させることによって得られるものである。選択によって諸能力が発達するという主張は、教育のプロセスにも選択の自由の余地を残すことを要求するであろう。

　第3章では、なぜミルが自由原理を子どもには適用していないのかを明らかにするために、道徳、分別、美学というミルの「生の技術」の三部門の区別をもとに、その三部門と教育思想の関係を考察した。従来の研究は、ミルにおける生の技術の三部門の区別を踏まえていなかったために、大人には自由を、子どもには強制を、という安易な二分法に帰着してしまう傾向があった。しかし、生の技術の三部門の区別に依拠するならば、子どもは、どの領域ではどこまで自由であるべきなのかを理解することができるのである。

　そこで、3章ではまず、規則功利主義と行為功利主義に関する現代の論争に依拠しつつ、それとミルの生の技術の三部門の関係を考察した。その上で、生の技術の三部門と教育思想の関係を明らかにし、生の技術の三部門がどのような教育をどこまで要求するのかを論じた。こうして明らかになったことは、ミルの功利主義は規則功利主義であること、ただし、規則功利主義は道徳の部門にのみあてはまるということである。それゆえ、大人については、

道徳の遵守が要求される一方で、分別と美学については自由が許されるのである。しかしながら、子どもについては、分別を身につけることが要求される。とはいえ、子どもに教育を強制する際には、同時に自己発達に関する美学の要請をも考慮しなければならない。それゆえ、教育は、子どもの自立と自己発達を可能にするような仕方でなされなければならない。このように、生の技術の三部門を参照することによって、ミルが子どもには自由原理を適用していないからと言って、大人には自由を、子どもには強制を、という単純な二分法を貫徹することはできなくなる。つまり、道徳と分別の観点では子どもに教育を強制しなければならないが、美学の観点では自由を許容しなければならないということである。

　第4章では、前章での考察を踏まえ、美学が要求する教育目的と自由との間に矛盾がないかどうかを明らかにするために、美学と美的教育に関するミルの主張を検討した。一見すると、気高く美しい目的を追求せよと説くミルと、他者に危害を及ぼさない限り何をしても自由であると説くミルの間には矛盾があるように思われる。しかし、道徳、分別、美学という三部門の区別を援用すれば、この矛盾は消える。本章では、このことを明らかにするために、美学に関するミルの主張を彼の複数の著作の中に辿り、そうした美学とミルの自由原理の関係を明らかにした。

　ミルは『自伝』で、自身が受けた教育が知的教育に偏っていたと回顧し、詩や文学作品による「感情の陶冶」の重要性を説くとともに、詩によって「完全性」を観照することで、知的な分析によって解体されることのない「支配的な感情」を形成できると主張した。このような完全性の観照によって、自己をより高い次元にまで成長させ、単なる利己的な目的以上のものに貢献したいという感情を個人の中に形成しうるというのである。美学は、規則の正しさを知的に証明する道徳とは異なるが、道徳をそれ自体として尊重したいという完成への願望を鼓舞する点で、道徳に寄与する。また、道徳が命ずる最低限の規範を超えて、他者や人類に奉仕したいという気高い感情を形成することも芸術作品の役割の一つである。

　こうした美学の主張が、他者に危害を及ぼさない限りで自由であるとする自由原理と両立するのは、気高い目的という美学の理想は、称賛すべき価値

であるとしても、人に強制すべき義務ではなく、説得と鼓舞の領域に入るからである。それゆえ、気高い目的へと互いに高めあうことは自由の侵害ではない。このことは教育の場合も同様であり、教師は生徒を美的で気高い目的に向けて鼓舞することはできるが、その気高い目的の追求を強制することはできないのである。

　第5章では、道徳科学の因果法則がいかにして自由と両立しうるのかという問題を考察することによって、人間形成にとっての社会的自由の意義を明らかにした。ミルにとって、自由は当為の問題であるとともに、事実の問題でもある。人間が自分の性格を改善できるという科学的事実がなければ自由には意味がなくなってしまうからである。ミルは、他者に危害を及ぼさない限り個人の自由に干渉してはならないとする自由原理を主張しているが、その主要な根拠は、人間の自己発達の可能性、つまり個人が自分自身で立てる目的にしたがって自己教育を行う可能性である。しかしながら、同時に、ミルは人間の行為や性格が科学法則によって決定されると論じている。その場合、人間の行為や性格が科学法則によって決定されているならば、人間に与えられる自由など意味がないのではないかと疑われうるし、実際にミルもそのことで悩んだ。では、ミルは、人間の自由と決定論の両立可能性について、どのような解答を提示しているのか。そこで、5章では、ミルが人間の性格形成に関する因果法則についてどのように考えているのかを明らかにすることによって、その因果法則の存在と人間の自由とがいかにして両立しうるのかを明らかにした。

　ミルは心理学的決定論の立場を採りながら、それにもかかわらず社会的自由の必要性を説いている。それは、人間の行為は単一の因果関係に拘束されているのではなく、複数の因果関係に支配されており、その因果関係に関する知識を習得することを通じて、自らの性格を改善しうるからである。因果関係についての知識を得ることは、人間の自由の意味を失わせることではなく、自らの悪い行為の原因を理解させることによって、その行為を改善することを可能にする。したがって、人間の行為が科学法則によって決定されているという決定論の立場を採ることは、人間の自由を否定することとは異なる。また、オウエン主義者のように、親や社会のみが子どもの教育を支配す

ることができ、子どもは自分の性格形成に責任を持たないという主張を帰結
するわけでもない。人間は、行為の原因を知ることができるからこそ、自ら
の行為や性格を支配することができる。子どもも、そうした因果関係に関す
る知識を習得するにつれて、自分の行為を支配しうる責任ある行為者になり
うるのである。ここに、決定論の立場を採りつつ、人間の自由を擁護するこ
とができる理由がある。

　第6章では、教育の正義に関するミルの理論を検討した。教育の自由の問
題は、主に教育内容の強制の正当化可能性の問題であり、大人対子ども、教
師対生徒の対立が問題になる。それに対して、教育の正義は教育の分配の問
題であり、大人対子どもの対立だけでなく、子どもたち同士の利害の対立を
生じうる。そこで、こうした利害の対立を踏まえて、誰が、どの子どもに、
どのような教育を、どの程度まで提供すべきなのかを問うのが教育の正義論
である。

　これまで、ロールズやセンなどによって、功利主義は社会全体の幸福の総
計の最大化を主張するため、平等な権利を正当化できないと批判されてきた。
この批判は教育の権利の正当化についてもあてはまる。しかし、6章では、
ミルの功利主義についてはこのような批判があてはまらないことを明らかに
しようと試みた。そのために、まず、ミルによる正義の観念一般についての
説明を検討し、次に、功利主義から導かれる分配的正義の実質的な諸原理を
明らかにした。そのうえで、そうした分配的正義の諸原理がいかに教育権の
平等を正当化しているのかを論じた。

　まず、たしかに、ミルにとって正義とは最大幸福によって正当化されるも
のであるが、正義はすべての個人が社会に対して請求できる権利の存在を認
め、その権利を保護することを命ずる。こうした正義は絶対的・通訳不可
能・無限なので、他の利益の考慮によって凌駕されることはない。

　こうした正義の一般的観念とは別に、ミルは、不偏、功績、衡平といった
分配的正義の諸原理を提出している。功績原理は、社会に等しく貢献した人
に対して等しい報酬を与えるように命ずる。しかし、功績原理を教育にあて
はめると、功績をなしたという過去の功績によってではなく、将来功績をな
しうるために教育を与えなければならないことになる。また、努力と報酬の

比例を命ずる衡平原理は、すべての人が自分の努力によって成功する機会を
えるためにスタートラインを平等にすべきであること、また、そのスタート
を可能にするために教育が必要であることを命じている。しかし、同時に、
ミルは親による子どもへの教育努力を否定していないし、むしろ称賛すべき
ことであると述べているため、親の教育努力による教育の不平等は許容され
ている。それに加えて、才能の不平等も残る。それゆえ、厳密な意味での機
会の平等は達成できない。また、公的試験の強制によって教育権の平等を保
障しようとするミルの教育制度案では、教師や学校が教育内容や教育方法を
自由に決定する裁量を認めることになる。それゆえ、こうした教育内容と教
育方法の自由も機会の平等を制限することになる。ただし、これは、ミルが
機会の平等よりも自由を優先していることの帰結でもある。

　このように、第1章～第5章では、ミルの功利主義をもとに、子どもの自
由の制限を教育の名においていかにして正当化しうるかを明らかにした。第
6章では、第5章までで明らかにされた教育の内容を子どもたちの間にどの
ように分配すべきなのかを、分配的正義の観点から明らかにした。

第2節　ミルの教育思想と自由論・正義論──本書の知見

　さて、以上の諸章での考察の中で、本書の独自の成果として注目されてよ
い点は次の二点であると思われる。

　第一に、主に1章から4章までの考察で行ったように、ミルの自由主義と
教育思想の関係を明らかにするにあたり、道徳・分別・美学という生の技術
の三部門に基づいて、どのような教育がどこまで強制されるべきかを明らか
にしたことである。これまで、ミルは他者に危害を及ぼさない限り自由であ
るべきだという危害原理（自由原理）を提示したことによって、パターナリ
ズムや教育の正当化を語るうえで古典的な位置を占めてきたが（帖佐, 2012
／大江, 2003／太田, 1995）、危害原理が一人歩きする形となり、ミルの思想体
系における危害原理の位置づけが十分に検討されてこなかった。本書は、生
の技術の三部門に注目することによってミルの功利主義と自由主義を整合的
に解釈できるとするライアンの主張を教育思想にも適用することにより、功

利主義、自由主義、教育思想の三つを整合的に解釈できることを明らかにした。

　子どもには自由原理が適用されない理由も、自由原理そのものによっては十分に理解できない。子どもに教育を受けさせないことは子ども本人あるいは他の人にとって害悪だと言うとしても、そう言えるためには、害悪の内容に触れなければならないからである。この点で、生の技術の三部門の区別を援用すれば、子どもに教育を受けさせないことがなぜ害悪であるかを理解できる。第3章で明らかにされたように、子どもは、大人になる前に道徳と分別を身に付けておかなければならない。道徳と分別を身につけないことが、本人と他の人にとって害悪になるのである。しかし、生の技術の三部門には、道徳と分別だけでなく美学もある。それゆえ、教育は、美学が命ずる自己発達を可能にするような仕方でなされなければならない。

　第二に、第6章で行ったように、ミルにおける分配的正義と教育の関係を明らかにしたことである。この主題については、これまでの先行研究では体系的に論じられることはなかった。そこで、本書は、不偏、功績、衡平といった分配的正義の諸原理をミルの著作から抽出し、それを教育の分配に適用した。ミルは、将来功績をなしうる人間になるために一般的な精神能力の陶冶を要請するとともに、努力と報酬が比例するための条件として、一定程度の教育がすべての人に強制されるべきだと考えている。それゆえ、功利主義は平等な権利を正当化しえないという批判にもかかわらず、ミルは一定の教育を受ける権利を正当化しているのである。とはいえ、ミルが提示している衡平の原理とそれに基づく機会の平等は、才能の不平等や親の教育努力の不平等などによって制限されざるを得ない。その点では、後にロールズが格差原理を提出したことは必然的だったと言えるかもしれない。しかし、それにしても、本書は、ミルにおける分配的正義と教育の関係という新しい問題領域を開拓し、それについて一定の知見を提示したと言えよう。

　とりわけ教育格差ということが言われる現状では、今後、ミルに限らず、教育における分配的正義に関する研究がますます発展することが望まれよう。というのは、現在、教育において公正や平等が何を意味するのかということについては、共通理解が成立しているとは言い難い状況にあるからである。

154

制度上の改革との関連で言えば、学校選択制が導入される中で、公立学校においてすら、一元的なシステムの下での共通教育による教育機会の平等の達成という前提が崩れてきている（宮寺, 2014）。もっとも、教育の私事化のもと、親が学校を選択する自由の要求を現実に無視できなくなってきているのもたしかである。また、自由の実現という点では、適切に設計された学校選択制がある種の公正を達成しうるという理解も可能である（卯月, 2009）。こうした状況では、教育の正義論や平等論を再構築することが急務である。

　本書では、努力と報酬の比例という衡平の原理がすべての人が同じスタートラインに立つことを要求するという、教育と分配的正義をめぐる古典的原理を提示した。たしかに、この原理の実現可能性については疑わしいことは本論で論じた通りであるが、今なお近代的な教育制度を支える原理であるのもたしかであり、再検討される必要があろう。

第3節　今後の課題

　最後に、今後の課題を三点あげておきたい。

　第一に、第6章では、試験の強制による義務教育の保障というミルの方法が多様性を許容すると述べた。しかし、たとえば多様な宗派の学校を国家が許容することと、子どもの多様な個性を許容することの間には距離がある。というのは、多様な宗派による学校教育の中で、子どもの個性が抑圧されることがありうるからである。ミルの個性擁護の思想からすれば、こうした個性の抑圧は批判されるであろう。しかし、ミルはこの抑圧を制度的にどう防ぐかについて明確に論じているわけではない。ここにミルの教育思想の限界があると言える。それゆえ、この問題について検討することが今後の課題である。

　第二に、第6章では、努力と報酬の比例という衡平原理から機会の平等とそのための教育の平等が正当化されると論じた。しかし、既に述べたように、機会の平等は、才能の不平等、親の教育努力の不平等などによって制限される。だとすれば、衡平原理はそもそも達成不可能ではないかという疑問が生じてくる。そもそも不可能な原理を正義として掲げることの意味は何なのか

ということが問われよう。また、もし不可能ならば、別の原理を提示すべきではないかと言うこともできよう。

　第三に、上記と重なるが、機会の平等の実現のために教育の平等が必要であるという主張は、現代の社会状況からしても維持することが難しいかもしれない。一つには、前節でも述べたように、一元的なシステムの下での共通教育という前提が崩れ、教育の自由化が進行する中で、機会の平等のための教育の平等という理念が現実的に維持しにくくなってきている[1]。というのは、教育が自由化・多様化すれば、それとともに、何らかの共通の教育を平等に保障すべきだという前提が崩れるからである。二つには、教育学におけるポストモダニズムが批判してきたように、教育が不可避的に強制性や抑圧性をもつとすれば、機会の平等やそのための教育の平等を分配的正義と見なすことによって教育を強制するよりも、社会権の保障によって分配的正義を達成すべきだという考え方もありうる[2]。ロールズの正義論を援用するならば（Rawls, 1999）、機会の公正な平等を抜きにして格差原理のみを社会構造に適用するという道である。もし仮にこうした考え方を批判しようとするならば、なぜ社会福祉ではなく教育が分配的正義の対象となるべきなのかを根本的に問い直さなければならない。

　ところで、この分配的正義と教育の問題についてはもっと大きな思想的文脈の中で検討されなければならないであろう。たとえば、本書では、ハイエクなどによる分配的正義批判を検討することができなかった。その一方で、分配的正義は、現代の政治哲学では一つの主要問題となっており、本書でも言及したロールズやセンに限らず、様々な理論家が独自の分配的正義論を展開している。こうした諸理論と比較しつつ、ミルの分配的正義論の意義と独自性を明らかにすることは今後の課題である。

　本書は、教育学に政治哲学的な視点を導入しようという意図に基づき、ミルの功利主義を前提にするとき、どのような教育をどの程度まで正当化しうるのかを明らかにしてきた。序論で述べた通り、ミルの功利主義そのものの正しさについては不問にしたまま、ミルの功利主義を教育に応用するとき、どのような教育の規範が正当化しうるのかを明らかにしたにすぎない。そのため、本書は何らかの正しい規範を提出したというのではなく、単なる一つ

のケーススタディである。ただし、教育が完全に私事の領域に委ねられているのではなく、国家が公教育という形で国民の教育の自由になんらかの制限を加えている状況が変わらない限り、教育の規範や政策を正当化したり、批判したりするための規範理論は必要なのである。そうした理由から、本書は現在でも一定の説得力をもつと思われるミルの功利主義と自由主義に注目してきた。

　もちろん、ロールズが言う多様な善の構想が並存する多元社会の状況においては、何らかの学説が唯一絶対に正しいということはありえない。そのことを踏まえれば、諸々の規範理論を相互に比較検討することは、互いに目的や前提を異にする学説の間でも同意しうる「重なり合う合意」(Rawls, 1996)を探る試みにすぎないことになる。そうであっても、規範や正当化の問題から完全に逃走してしまえば、権力の暴走や恣意に歯止めをかける術を失ってしまう。本書は、公教育の規範を正当化するための理論がいかにして可能かを示すささやかな試みである。

註

序　章　課題と方法

1　下司晶は、「ポストモダニズム＝ポストモダン思想」と「ポストモダニティ＝ポストモダン状況」を峻別する必要があると述べている（下司, 2016, p.10）。

2　政治理論と政治哲学はどう違うのかということが問題になるが、ここではさしあたり同じものとしておく。

3　教育哲学研究では、宮寺の研究以外にも規範の正当化の方法に注目する試みが表れてきている。たとえば、苫野（2011）は、正しい教育とはこういうものであると自明視するのではなく、なんらかの教育が善いとか正しいとかいうことをいかにして正当化しうるのかを問題とする。

4　ミルの自由論の現代性については、リチャード・ローティが、「人々の私的な生を守ることと、その苦しみを防ぐことの間にあるバランスを最適化することに政府は努めるべきだというJ.S.ミルの提案は、私にはほとんど最後の言葉であるように思われる」（Rorty, 1989, p.63）と述べているほか、加藤尚武が、「私が判断して、現代の倫理にもっとも近い古典は、J.S.ミルの『自由論』（1859年）である」（加藤, 1997, p.5）と述べている。その他、マーサ・ヌスバウムは、ミルがアリストテレス的な活動的な幸福概念だけでなく、受動的な幸福概念をも積極的に提示しているとして、主にフェミニズムの観点からミルの幸福論を肯定的に評価している（Nussbaum, 2005）。

5　これらの理論に基づいて教育の正義を論じたものには以下がある。ロールズについては黒崎（1989, 1995）、宮寺（2006, 2014）、児島（2015）、センについては卯月（2009）、ヌスバウムについては馬上（2006）、ウォルツァーについては生澤（2019）、ガットマンについては平井（2017）、の研究がある。また、センとヌスバウムを含むケイパビリティ・アプローチと教育の関係については橋本（2018）の研究がある。

6　管見の限り、唯一の例外はサミュエル・ホランダー（Hollander, 1985）である。しかし、ホランダーの研究は、政治経済学と教育思想の関係を明らかにすることに主眼があり、教育の正義を主要な観点としているわけではない。ミルが教育の正義という観点から研究されていない理由としては、第一に、教育の正義論という視座がロールズ以降の現代政治哲学の文脈の中で現れてきたことがあげられよう。つまり、正義という観点からミルの教育思想を読み解こうという試みは後付けのように感じられてしまう。第二に、現代政治哲学にとって、ミルの『自由論』が自由を論ずるうえで古典的な著作と見なされているのに比べると、『経済学原理』はそれほど重要な著作であるとは見なされていないことである。ミルは『経済学原理』の中で分配的正義の諸原理を提出しているが、その諸原理は同書の中で分散した形で述べられている。そのことがミルの分配的正義の諸原理を明確に把握することを難しくしている。

7　ミルは国家干渉を制限する原理をもたないがゆえに、真に自由主義的ではないという批判については、たとえばC.R.ブラウン（Braun, 2010）を参照。

8　従来、ミルの思想は、その矛盾した諸要素が強調される傾向にあった（Barker, 1947／Dicey, 1914）。しかし、ライアンの研究以降、ミルにおける自由主義と功利主義の整合性に注目する研究が増えてきている（Berger, 1984／Gray, 1996／Rees & Williams, 1985／Ten, 1980）。

9　本論とその注で言及しない主要な先行研究は以下の通りである。まず、ミルの哲学全体を扱ったものとして、杉原四郎（1980）、山下重一（1971）、小泉仰（1988, 1997）、ジョン・スカラプスキー（Skorupski, 1989）、ウィリアム・スタフォード（Stafford, 1998）の各研究がある。思想史的な研究としては、ミルの思想とその影響を扱った研究として、ゲオルギオス・ヴァロウザキとP.J.ケリー編による *John Stuart Mill-Thought and Influence*（Varouxakis & Kelly, 2010）、19世紀のイギリス思想史研究としてバジル・ウィリー（Willey, 1949）、カーライルとミルの比較研究としてE.E.ネフ（Neff, 1926）、ブルクハルト、ミル、トクヴィルの比較研究としてA.S.カーハン（Kahan, 1992）、功利主義の歴史に関する研究としてアーネスト・アルビー（Albee, 1902）の各研究がある。ミルの思想の各領域に関する研究としては、論理学体系や社会科学論（矢島, 1993／川名, 2007）、宗教論（Raeder, 2002／Sell, 1997）、性格論（Carlisle, 1991）、リベラルな自己（Donner, 1991）、政治思想（深田, 1972／山下, 1976, 1998／小田川, 2003／下條, 2013）、ミルの政治経済学（四野宮, 1997, 1998, 2002／前原, 1998）、社会主義論（安井, 2014）、ヴィクトリア時代の思想状況とミル（有江, 2013）、についての諸研究がある。また、国民性や帝国の問題についてはマイケル・レヴィン（Levin, 2004）と、ヴァロウザキ（Varouxakis, 2002）の他、バート・シュルツとヴァロウザキ編による *Utilitarianism and Empire*（Schultz & Varouxa-

kis, 2005）がある。
10　ミルの実践的思考における因果的認識の重要性については関口（1989, p.8）を参照。

第1章　ミルの功利主義と教育思想の関係──二次的原理としての教育

1　ミルの功利主義については、H.R.ウェスト編の *The Blackwell Guide to Mill's Utilitarianism*（2006）の他、ロジャー・クリスプ（Crisp, 1997, 1998）、H.R.ウェスト（H. R. West, 2004, 2007）の研究を参照。

2　ミルの功利主義における陶冶の重要性についてはレイモンド・ウィリアムズ（R. Williams, 1963）を参照。また、ミルの思想における自由と陶冶の関係に注目した研究としては、エドワード・アレクサンダー（Alexander, 1965）、R.J.ハリデイ（Halliday, 2007）の各研究を参照。

3　児玉聡は、帰結主義、幸福主義、総和最大化の三つの特徴によって功利主義を説明している（児玉, 2012, pp.54-57）。

4　功利主義は、（1）いかなる行為が正しい行為かについては、最善の結果をもたらす行為が正しいとする帰結主義に立つが、（2）いかなるものがそれ自体で善であるかについては快楽説以外も許容しうる（内井, 1988, p.164）。

5　功利主義の潮流は、幸福を最大化する選択肢を直接選択する「行為功利主義（act utilitarianism）」と、個々の行為に対してではなく一般的な道徳規範に対して功利を適用する「規則功利主義（rule utilitarianism）」に分岐している。ミル解釈をめぐる規則功利主義と行為功利主義の論争については第3章で検討する。

6　この名称はグレイによる（Gray, 1996, p.16）。また、ミル自身による次の箇所を参照。「幸福があらゆる行為規範の試金石であり人生の目的であるという確信は揺らがなかった。しかし、この目的はそれを直接の目的としない場合にのみ達成されるのだと、その時私は考えた」（Mill, 1981a, p.145）。

7　ここで、効用に直接訴えるということは、個々の行為によって幸福を最大化すべきだとする「行為功利主義（act utilitarianism）」を意味するのか。それとも、幸福を最大化する傾向にある規則に従うべきだとする「規則功利主義（rule utilitarianism）」に基づいて、既に存在する規則に例外を設けることを含めて、最大幸福をもたらすような規則を新たに発見することを意味するのか。本書では、第3章第3節で論ずるように、後者の規則功利主義の解釈が妥当であると見なす。

8　自由原理は、他者の危害の防止を干渉の唯一の目的とする点で、「危害原理」、「他者危害原理」、「侵害原理」などと呼ばれることもある。ところで、他者への危害が何を意味するかによって、正当化される干渉の範囲が変わってくること

から、他者への危害の防止という基準によって自由の範囲を決定することはできないとしばしば批判されてきた。たとえば、グレイは次のように述べている。「危害概念は競合する道徳観によって変化するのであり、その適用に際して危害についての判断に依存する自由原理は、対立する道徳的観点の主唱者の間の論争を解決するとは思われないということは、ミルの計画に対する明白な反論である」（Gray, 2010, p.222）。

9 テイラーは、個人の自己形成を可能にする文化や言語共同体に訴える。しかし、こうした文化の要求が個人の排除に至る危険性も無視できない。この点については生澤（2019, pp.252-257）を参照。

10 「自然」概念については第2章第4節の議論を参照。

11 ミルの危害の概念の曖昧さについては、グレイ（Gray, 1996, pp.48-49）を参照。ミルの危害概念の解釈についてはムルニクス（Mulnix, 2009）を参照。

第2章 ミルの功利主義による自由主義の正当化

1 ミルの自由主義に関する研究としては、第1章であげたもの以外に、ガートルード・ヒンメルファーブ（Himmelfarb, 1974）、ジョナサン・ライリィ（Riley, 1988, 1998b）、グレイ（Gray, 1995, 1996）、ブルース・バウム（Baum, 2000）、矢島（2001, 2006）、樫本（2018）、を参照。

2 オスカー・キューラー（Kurer, 1999）は、本書とは異なった観点からではあるが、ミルの功利主義による自由主義の正当化可能性について論じている。キューラーは、「理想に関わる功利主義（ideal-regarding utilitarianism）」と「欲求に関わる功利主義（want-regarding utilitarianism）」という分類を行いつつ、ミルの功利主義を前者の理想に関わる功利主義に分類し、ミルはそれによって自由原理を正当化していると言う。人類の恒久的利益について述べるミルは、人々の欲求が変化することを示唆し、現在の効用と未来の効用とを区別すべきことを示唆しているということである。

3 ドナーによれば、「『功利主義論』においてミルは、快楽の質とその種類を同一視している」（Donner, 1998, p.263）。

4 水野俊誠は、辞書的見解に対するドナーの批判について検討し、「ミルは、基本的には、個々の快楽に関する辞書的見解と、生き方に関する辞書的見解との両方を採用している」と述べている（水野, 2014, p.124）。

5 しかし、人間がもつ高次の諸能力の行使がそれ自体として高次の快楽であるという解釈も存在する。水野俊誠によれば、「高級快楽とは高尚な観念の世界を導く精神的能力の使用がもたらすものであるという」解釈と、「高級快楽とは発達した精神的能力の使用がもたらすものであるという」解釈がある。「これら二つ

の解釈は、精神的能力の使用がもつ二つの相補的な側面を明らかにしている。そして、これらの解釈を結合すると、高級快楽とは、高尚な観念の世界を導く発達した精神的能力の使用がもたらす個々の快楽であるというものにある」（水野, 2014, pp.81-82）。それに対して本書は、高次の能力の使用がもたらす快楽がそれ自体として高次の快楽であるという本質主義的な解釈を採るのではなく、人間が高次の能力もつことを意識することに伴う尊厳の感覚が、高次の能力の使用がもたらす快楽を高次のものと感じさせるという心理学的な解釈を支持する。

6　この点については、ロールズも、「私たちは、低次の快楽よりも高次の快楽を求める明確な選好をもっているだけでなく、また、高次の諸活動に適切な焦点を当てる生き方によって涵養され、そうした諸活動を維持していくのに足る欲求をもとうとする、一段階上の欲求をもっているということです」と述べている（Rawls, 2007, p.265）。

7　ミルにおける高次の快楽と自由の擁護の関係について、グレイは次のように述べている。『自由論』での「議論は、『功利主義』で提示された高次の快楽についての説明を利用している。というのは、『自由論』で理論化されているように、個性の発達は、まさしく高次の快楽それ自体のために選ばれた目的を首尾よく追求することを含んでいるからである」（Gray, 2010, p.220）。

8　グレイがミルの個性概念に適用している概念である（Gray, 1996, pp.79-81）。

9　ミルは「自然」概念を分析することを通じて、「自然」によって道徳を基礎づける立場を批判している。ミルのこの批判については柏經學（1992）を参照。

10　同様の誤解は、「ミルが理論化した生の実験という考えは合理主義のフィクションであり、個人のアイデンティティの人為的な性質を無視し、個性や人間の実現が文化的伝統に依存していることを認めない」（Gray, 2010, p.226）というグレイの言明にも見られる。

11　ドナーによれば、ミルは、「理性、感情、共感、自律性、個性、思いやり、社交性のような一定の人間的諸能力が……相互につり合わされなければならないことを強調することにつねに骨を折って」おり、「より特殊な種類の性格を奨励する危険性を認識している」（Donner, 2007, p.268）。しかし、ドナーは、いかにして諸能力の均衡という理念が自由主義と両立しうるのかについては述べていない。

第3章　「生の技術」の三部門による教育の正当化

1　ライアンの他に、グレイ（Gray, 1996）を参照。

2　ミルの功利主義を「規則功利主義」に分類する研究については、以下を参照

162

(Urmson, 1968, pp.179–189). しかし、たとえばグレイは、ミルが規則にではなく、教育によって経験的に教えこまれる感情や性向に言及する点で、「規則功利主義」ではないとする（Gray, 1996, pp.28–34）。また、ライリィは、不完全な教育と社会の下での規則と、理想的な教育と改良された社会の下での規則を進歩主義的な想定に基づいて区別することで、ミルの功利主義を「最適規則功利主義」として解釈している（Riley, 1998a）。

3　また、安藤馨は、行為功利主義と規則功利主義の違いについて次のように述べている。「行為功利主義はある行為がなされた時に生じる帰結の含む厚生のあらゆる総体を考慮の対象としその行為の評価を下すのに対し、規則功利主義はある一般的規則の体系が行為の指針として採用された場合に生じる帰結の含む厚生の総体を考慮の対象とし規則の評価を下した上で、行為自体の評価を直接に功利計算によるのではなく、当該行為に対応するルールに従っているか否かで決定するのである」（安藤, 2007, p.17）。ミルを行為功利主義者と見なすのか、規則功利主義者と見なすのかについては現在まで論争が続いている。この論争については、泉谷周三郎（1992）、長岡成夫（1989）、山本圭一郎（2005）が詳しい。ミルの功利主義を規則功利主義と見なすJ.O.アームソン（Urmson, 1968）の研究以来、デヴィッド・ライオンズ（Lyons, 1994）がこの解釈を発展させた。しかし、F.R.バーガーは、ミルの規則概念は「規則の戦略概念」であり、規則功利主義の規則概念とは異なるとしている（Berger, 1984）。その後、バーガーの解釈を分水嶺とし、ミルの功利主義は単一レベルの行為功利主義ではなく複数レベルの行為功利主義であるとするクリスプの解釈（Crisp, 1997）、ミルの学説を「最適規則功利主義」とするライリィの解釈が登場した（Riley, 1988）。しかしながら、山本圭一郎は、ミルの功利主義を一般的な意味での行為功利主義と規則功利主義のいずれにも分類できないとしている（山本, 2005, p.89）。

4　ミルは、効用が正不正の基準であるという既に述べた定式化とは別に、「功利主義の学説とは、幸福が目的として望ましいものであり、しかも唯一望ましいものであるということ、すなわちそれ以外のあらゆるものは幸福という目的に対する手段として望ましいものであるにすぎないということである」（Mill, 1969d, p.234）と定式化している。この後者の定式化からすれば、功利主義は道徳以外の価値についての理論を含んでいる。それゆえ、功利主義の原理はそのままでは道徳基準についての理論とはならない。本章でも後に論ずるが、ある規則が道徳となるには、それに違反したときに罰せられるべきかどうかという「処罰可能性基準」が必要になる。この点については、泉谷（1992, pp.109–113）、長岡（1989, pp.219–220）、山本（2005, pp.82–89）を参照。

5　久保田顕二は、二次的原理の必要性、正義に関する議論、質的快楽主義（qualitative hedonism）という三つの点から、ミルの功利主義は規則功利主義である

と論じている（久保田, 1999, pp.57-63）。しかし、上述のとおり、規則功利主義が適用されるのは道徳のみであり、質的快楽主義の議論は道徳に関する議論ではないため、直ちに規則功利主義を正当化するわけではない。もっとも、4節で論ずるように、高次の快楽の主張が自由の保護を要求するという点で、質的快楽主義は間接的に自由原理という道徳規範を正当化する。

6　美学と自由の関係については、矢島（2001, pp.163-169）も参照。

7　正義については第6章で詳しく論ずる。

8　ミルは、ベンサムの哲学は社会制度の実務的部分を組織に調整する方法を教えることはできるが、社会の永続と進歩のためには内面の「陶冶（cultivation）」あるいは「文化（culture）」が不可欠であると考えている。ミルは、この考えをサミュエル・テイラー・コールリッジ（1772〜1834）から学んだ。ミルは、文化の強調は功利主義の否定ではなく、その修正ないしは拡大であると考えていた。「ミルが決定したのは、文化を強調することが功利主義の伝統を拡大する方途であるということであった」（R. Williams, 1963, p.75）。

9　いわゆる「総督府功利主義」に対する批判である。しかしながら、功利主義を個人道徳の理論ではなく、あくまで統治の理論と見なす統治功利主義の立場からすれば、個々人全員が道徳規範の正当性を判断する必要はない。しかし、その場合、総督府功利主義はエリート主義ではないとされる。というのは、統治功利主義が統治者に求めるのは統治者の不偏性であり、優れた能力をもった「卓越的選良」による支配ではないからである（安藤, 2007, pp.12-13）。ところで、ミル自身の功利主義が個人道徳としての功利主義と統治功利主義のいずれであるかと言えば、ミルはまだその二つを区別していなかったと言えよう。また、ベンサムの功利主義について言えば、「ベンサムにあっては、自由と統治は矛盾するものではなく、個人の自由を前提として、それを社会の統治といかに結びつけていくかが問題であった」（小松, 2006, p.12）。

10　ミルにおける美学と道徳の収斂については、同時代のジョン・ラスキン（1819〜1900）の影響が見られる（Heydt, 2006）。

第4章　ミルの美学と美的教育論

1　本書ではミルの伝記的な考察を行わない。ミルの伝記としては、ニコラス・キャパルディ（Capaldi, 2004）、M.S.J.パック（Packe, 1954）を参照。

2　この分析の前提にはミルが支持していた連合心理学の学説がある。ミルの思想体系とミル自身の教育過程における連合心理学の重要性についてはトマス（1987, pp.27-35）を参照。

3　とはいえ、外的世界の描写と内的世界の観照が、一つの作品の中で結びついて

いることはありうる。そのような作品は「劇（dramatic）」と呼ばれるのであり、ミルによれば、シェイクスピアの作品がその一例である（Mill, 1981c, pp.346-347）。

4 ミルによる次の言明を参照。「幸福があらゆる行為規範の試金石であり人生の目的であるという確信は揺らがなかった。しかし、この目的はそれを直接の目的にしない場合にのみ達成されるのだと、その時私は考えた」（Mill, 1981a, p.145）。

5 道徳の原理の性質については第1章および第3章を参照。

6 この点については第3章第4節で論じた。

7 ミルは「ベンサム論」で、人間の行為には道徳的、美的、共感的、という三つの側面があると述べられている。第一の道徳的側面では、理性と良心に訴えて是認あるいは否認し、第二の審美的側面では想像力に訴えて称賛あるいは軽蔑し、第三の共感的側面では、共感に訴えて愛したり憐れんだりまたは嫌悪したりする。ここでミルは、この三つの側面の評価が対立しうることを例証している（Mill, 1969b, p.112）。

8 もっとも、性格の陶冶は、単に最大幸福のための手段ではない。性格の陶冶は、最大幸福のための手段であると同時に、目的それ自体でもある。クリスプによれば、「ミルは道徳を、行為の規制のみではなく、感情の自己教育にも関わると見なす。それは単に、ある人の性格がある人の行為に影響し、それが今度は幸福全体の水準に影響するからではない。……むしろ、自己教育は、幸福の性質それ自体を理解するようになるために重要であり、それ自体幸福の構成要素なのである」（Crisp, 1997, pp.11-12）。本研究でも、ミルにとって自己教育の問題は美学の部門に属することを明らかにしてきた。詳しくは2章と3章を参照。

9 ミルの帰結主義は性格の問題も考慮するので、帰結主義に対するバーナード・ウィリアムズの批判に応えることができよう（若松, 2003, pp.58-62）。ウィリアムズは、帰結主義は、自分が放置していたことや防がなかったことを含むすべての帰結に責任を負うことになると指摘するが、ミルはそう考えていない。「責任」の問題については5章を参照。

10 ミルは『コントと実証主義』で、「ある人が理想的目的をもち、それに対する愛着と義務感がその人のすべての感情と性向を統制・訓練し、生活規範を定めるなら、その人は宗教をもっている」（Mill, 1969a, p.333）と言う。

第5章　ミルの自由主義の基礎――決定論と自由の問題

1 自由原理とは区別された「自由の概念」という語は、G.W.スミスの用法にしたがったものである（Smith, 1991, pp.239-244）。

2　ここで、内的制裁の効力は歴史的・社会的条件によって影響されると考えられている。これについては第1章を参照。

3　この点についてはG.W.スミスも次のように述べている。「われわれが自分の性格を決定することを実際に欲しないので、実際にそのようにすることを欲しないならば、しかも自己支配への欲望を（ミルが認めているように）自分から誘発することができないならば、われわれはすべて究極的に他律的に動機づけられることになり、ミル自身の基準では自由がないということにならないであろうか」（Smith, 1991, p.249）。

第6章　ミルにおける教育の正義論

1　バーガーは、ミルが用いる「これらの用語のすべてが同等であるわけではなく、それらの意味が一致しない場合、深刻な正義の問題を引き起こす矛盾が生じる」（Berger, 1984, p.170）と述べている。

2　快楽の質の高低についても同様のことが言える。これについては第2章第2節を参照。

3　功績を分配的正義の基準と見なすこと、またその分配的正義の実現のために国家が個人の自由に介入することは、善の構想の複数性を擁護する現代リベラリズムからは正当化されないかもしれない。というのは、功績の判断は特定の善へのコミットメントを前提とするからである。実際、ロールズは、リベラリズムの構想から「道徳的功績（moral desert）」に基づく正義を排除している（Rawls, 2001 pp.92-94）。

4　『女性の解放』は女性論の古典のひとつと見なされている。水田珠枝は、マルクス主義やフロイトの精神分析による女性論と比較しながら、ミルの女性論の現代的意義を主張している。マルクス主義やフロイトの精神分析に対するミルの女性論の意義は、「ミルが歴史を、人間性の変化と社会の変化の両面から、しかもそれの相互作用としてとらえたという点です」（水田, 1984, p.95）。ミルのフェミニズムについてはS.M.オーキン（Okin, 1992）を参照。

5　実際には、ここでミルは、「他の人たちが成功するために払った努力よりも大きな努力を払いながら、実際、真価（merits）の差のせいではなくて、機会の差のために多くの人が失敗している」と述べている（Mill, 1965, p.811）。しかし、別の箇所では、「勤勉、倹約、忍耐、才能（talents）の不平等から生じる財産の不平等、そしてある程度までは機会の不平等から生じる財産の不平等すらも、私有財産の原理から切り離せない」（Mill, 1965, p.225）と述べている。

6　児島博紀によれば、「教育を通じた機会の平等」、つまり人生の公平なスタートのために教育を平等化することと、「教育のための機会の平等」は異なる（高

宮・児島・橋本・平井・玉手, 2020, p.148)。ミルの衡平は前者の「教育を通じた機会の平等」を要求する。ただし、前者の達成のためには、後者の「教育の（ための）機会の平等」もまた要求される。

7 アダム・スウィフトは、このような見解を、功績の「慣習的」見解と呼んでいる（Swift, 2006, p.41）。ところで、個人は自分の能力や成果についてどこまで責任を負えるのか、どこから個人が責任を負えないのかを厳密に区別することは困難である。したがって、個人に責任がないものに対してのみ分配的正義に基づく介入が正当化されるという主張はそれ自体再考を要するものである。この点については井上（2002）を参照。

8 教育に対する国家干渉の方法については岡田（1976, 1979, 1982）を参照。

9 高次の快楽と自由の結びつきについては第2章で明らかにした。

10 もっとも、厳密に言えば中立性は存在しない。自立あるいは自律をめざす教育が必然的に何らかの特定の善き生にコミットせざるを得ないということについては山岸賢一郎（2010）を参照。ミルが実証的な知識の試験を主張している点で、実証主義にコミットしていることは指摘されてよい。

終　章　ミルの教育思想と自由論・正義論──まとめと今後の課題

1 本書で論じた機会の平等とは意味が異なるが、宮寺（2011, 2012）は、教育の私事化が教育機会の平等の理念、とりわけ「一緒に教育を受ける」という意味での教育機会の平等を掘り崩していると論じている。

2 もちろん、社会福祉か教育かという二者択一は生産的でも現実的でもないであろう。しかし、社会福祉と教育の相互関係について考えることは重要であろう。その際、近年、社会福祉の縮小と教育の拡大が同時進行しているとする仁平典宏（2009）の議論が参考になる。仁平によれば、近年のシティズンシップ教育論は、福祉国家の解体による社会福祉の縮小を活動的な政治参加によって埋め合わせようとしている。しかし、仁平は、教育が不可避的に選別を伴うとすれば、シティズンシップ教育もそうした選別を避けられない以上、少なくとも社会福祉の観点からすれば、シティズンシップ教育よりも、すべての人に対する平等な社会保障を優先すべきだと言う。仁平は分配的正義について明示的に論じているわけではないが、分配的正義の観点からすれば、教育と社会福祉を総合的に考慮することが必要になるであろう。

引用文献

【ミルの著作】

Mill, J. S. (1965). J. M. Robson (Ed.), *Principles of Political Economy : With some of their Applications to Social Philosophy*. Toronto : University of Toronto Press.（末永茂喜訳『経済学原理（1）〜（5）』岩波書店、1959–1963年）

Mill, J. S. (1967). Chapters on Socialism. J. M. Robson (Ed.), *Essays on Economics and Society* (pp.703–753). Toronto : University of Toronto Press.（永井義雄・水田洋訳「社会主義論集」『世界の大思想Ⅱ–6　ミル』河出書房、1967年、387–441頁）

Mill, J. S. (1969a). Auguste Comte and Positivism. In J. M. Robson (Ed.), *Essays on Ethics, Religion and Society* (pp.261–368). Toronto : University of Toronto Press.（村井久二訳『コントと実証主義』木鐸社、1978年）

Mill, J. S. (1969b). Bentham. In J. M. Robson (Ed.), *Essays on Ethics, Religion and Society* (pp.75–115). Toronto : University of Toronto Press.（泉谷周三郎訳「ベンサム論」『J. S. ミル初期著作集第三巻』御茶の水書房、1997年、225–294頁）

Mill, J. S. (1969c). Three Essays on Religion. In J. M. Robson (Ed.), *Essays on Ethics, Religion and Society* (pp.369–489). Toronto : University of Toronto Press.（大久保正健訳『宗教をめぐる三つのエッセイ』勁草書房、2011年）

Mill, J. S. (1969d). Utilitarianism. In J. M. Robson (Ed.), *Essays on Ethics, Religion and Society* (pp.203–259). Toronto : University of Toronto Press.（川名雄一郎・山本圭一郎訳「功利主義」『功利主義論集』京都大学学術出版会、2010年、225–354頁）

Mill, J. S. (1969e). Whewell on Moral Philosophy. In J. M. Robson (Ed.), *Essays on Ethics, Religion and Society* (pp.165–201). Toronto : University of Toronto Press.（川名雄一郎・山本圭一郎訳「ヒューウェルの道徳哲学」『功利主義論

168

集』京都大学学術出版会、2010年、181-253頁)

Mill, J. S. (1973-1974). J. M. Robson (Ed.), *A System of Logic, Ratiocinative and Inductive : Being a Connected View of the Principles of Evidence and the Methods of Scientific Investigation.* Toronto : University of Toronto Press. (松浦孝作訳「道徳科学の論理」『世界の大思想全集　社会・宗教・科学7』河出書房、1967年、145-254頁)

Mill, J. S. (1977a). Considerations on Representative Government. In J. M. Robson (Ed.), *Essays on Politics and Society* (pp.371-577). Toronto : University of Toronto Press ; Routledge & Kegan Paul. (関口正司訳『代議制統治論』岩波書店、2019年)

Mill, J. S. (1977b). On Liberty. In J. M. Robson (Ed.), *Essays on Politics and Society* (pp.213-310). Toronto : University of Toronto Press. (関口正司訳『自由論』岩波書店、2020年)

Mill, J. S. (1977c). De Tocqueville on Democracy in America [II]. In J. M. Robson (Ed.), *Essays on Politics and Society* (pp.153-204). Toronto : University of Toronto Press. (山下重一訳「トクヴィル氏のアメリカ民主主義論 II」『J. S. ミル初期著作集第四巻』御茶の水書房、1997年、127-195頁)

Mill, J. S. (1979). J. M. Robson (Ed.), *An Examination of Sir William Hamilton's Philosophy and of the Principal Philosophical Questions Discussed in His Writings.* Toronto : University of Toronto Press.

Mill, J. S. (1981a). Autobiography. In J. M. Robson, & J. Stillinger (Eds.), *Autobiography and Literary Essays* (pp.1-290). Toronto : University of Toronto Press. (朱牟田夏雄訳『ミル自伝』岩波書店、1960年)

Mill, J. S. (1981b). On Genius. In J. M. Robson, & J. Stillinger (Eds.), *Autobiography and Literary Essays* (pp.327-339). Toronto : University of Toronto Press.

Mill, J. S. (1981c). Thoughts on Poetry and its Varieties. In J. M. Robson, & J. Stillinger (Eds.), *Autobiography and Literary Essays* (pp.341-365). Toronto : University of Toronto Press. (岡地嶺訳「詩の本質・詩人論」『J. S. ミル初期著作集第二巻』御茶の水書房、1980年、189-227頁)

Mill, J. S. (1984a). Inaugural Address Delivered to the University of St. Andrews. In J. M. Robson (Ed.), *Essays on Equality, Law, and Education* (pp.215-257). Toronto : University of Toronto Press. (竹内一誠訳『大学教育について』岩波書店、2011年)

Mill, J. S. (1984b). The Subjection of Women. In J. M. Robson (Ed.), *Essays on Equality, Law, and Education* (pp.259-340). Toronto : University of Toronto Press. (大内兵衛・大内節子訳『女性の解放』岩波書店、1957年)

【ミルの著作以外の文献】

Albee, E. (1902). *A History of English Utilitarianism*. London : Swan Sonnen-schein.

Alexander, E. (1965). *Matthew Arnold and John Stuart Mill*. London : Routledge & Kegan Paul.

Anderson, E. (2007). Fair Opportunity in Education : A Democratic Equality Per-spective. *Ethics, 117* (4), 595–622.

安藤馨 (2007)『統治と功利』勁草書房。

有江大介編著 (2013)『ヴィクトリア時代の思潮とJ. S. ミル——文芸・宗教・倫理・経済』三和書籍。

アリストテレス (1971)『ニコマコス倫理学（上）』高田三郎訳、岩波書店。

Barker, E. (1947). *Political Thought in England 1848 to 1914*. London : Oxford University Press.（堀豊彦・杣正夫訳『イギリス政治思想Ⅳ——H. スペンサーから1914年まで』岩波書店、1954年）

Baum, B. (2000). *Rereading Power and Freedom in J.S. Mill*. Toronto : University of Toronto press.

Baum, B. (2003). Millian Radical Democracy : Education for Freedom and Dilem-mas of Liberal Equality. *Peace Research Abstracts, 40* (5), 404–428.

Bentham, J. (1996). Burns J. H., Hart H. L. A. (Eds.), *An Introduction to the Prin-ciples of Morals and Legislation*. Oxford : Clarendon Press.（山下重一訳「道徳と立法の諸原理序説」関嘉彦責任編集『世界の名著38　ベンサム　J. S. ミル』中央公論社、1967年、69–210頁）

Berger, F. R. (1984). *Happiness, Justice, and Freedom*. Berkeley : University of California Press.

Berlin, I. (1969). John Stuart Mill and the Ends of Life. *Four Essays on Liberty* (pp.173–206). Oxford : Oxford University Press.（小川晃一・小池銈・福田歓一・生松敬三訳「ジョン・スチュアート・ミルと生の目的」『自由論 [新装版]』みすず書房、2018年、391–451頁）

Brandt, R. B. (1959). *Ethical Theory*. Englewood Cliffs, N.J. : Prentice-Hall.

Braun, C. R. (2010). On Liberty's Liberty. *Independent Review, 14* (4), 599–612.

Capaldi, N. (2004). *John Stuart Mill*. Cambridge : Cambridge University Press.

Carlisle, J. (1991). *John Stuart Mill and the Writing of Character*. Athens : Univer-sity of Georgia.

帖佐尚人 (2012)「子どもの自由制約原理としてのパターナリズム——その諸正当化モデルの検討」『教育哲学研究』105号、88–108頁。

Clark, B. S., & Elliott, J. E. (2001). John Stuart Mill's Theory of Justice. *Review of Social Economy, 59* (4), 467–490.

Crisp, R. (1997). *Routledge Philosophy Guidebook to Mill on Utilitarianism.* London : Routledge.

Crisp, R. (1998). PART 1 : Introductory Material. In R. Crisp (Ed.), *Utilitarianism* (pp.3–44). New York : Oxford University Press.

Dewey, J. (1985). J. A. Boydston (Ed.), *Democracy and Education 1916.* Carbondale : Southern Illinois University Press. (河村望訳『民主主義と教育』人間の科学社、2000年)

Dewey, J. (1987). Liberalism and Social Action. In J. A. Boydston (Ed.), *The Later Works, 1925–1953. Vol. 2 : 1935–1937* (pp.1–65). Carbondale : Southern Illinois University Press. (河村望訳「自由主義と社会行動」『自由と文化・共同の信仰』人間の科学新社、2002年、251–334頁)

Dicey, A. V. (1914). *Lectures on the Relation between Law & Public Opinion in England during the Nineteenth Century.* London : Macmillan. (清水金二郎・菊池勇夫訳『法律と世論』法律文化社、1972年)

Donner, W. (1991). *The Liberal Self : John Stuart Mill's Moral and Political Philosophy.* Ithaca, N.Y. : Cornell University Press.

Donner, W. (1998). Mill's Utilitarianism. In J. Skorupski (Ed.), *The Cambridge Companion to Mill* (pp.255–292). New York : Cambridge University Press.

Donner, W. (2007). John Stuart Mill on Education and Democracy. In N. Urbinati, & A. Zakaras (Eds.), *J. S. Mill's Political Thought : A Bicentennial Reassessment* (pp.250–274). New York : Cambridge University Press.

Fleischacker, S. (2004). *A Short History of Distributive Justice.* Cambridge, Mass. : Harvard University Press. (中井大介訳『分配的正義の歴史』晃洋書房、2017年)

Fuchs, A. E. (2006). Mill's Theory of Morally Correct Action. In H. R. West (Ed.), *The Blackwell Guide to Mill's Utilitarianism* (pp.139–158). Malden : Blackwell.

藤田英典 (2005)『義務教育を問いなおす』筑摩書房。

深田弘 (1972)『J. S. ミルと市民社会──ネオ・プルーラリズムの提唱』御茶の水書房。

Garforth, F. W. (1979). *John Stuart Mill's Theory of Education.* Oxford : Martin Robertson.

Garforth, F. W. (1980). *Educative Democracy : John Stuart Mill on Education in Society.* Hull : Oxford University Press.

下司晶（2016）『教育思想のポストモダン──戦後教育学を超えて』勁草書房。

Gouinlock, J.（1986）. *Excellence in Public Discourse*. New York : Teachers College Press.（小泉仰訳『公開討議と社会的知性──ミルとデューイ』御茶の水書房、1994年）

Gray, J.（1989）. *Liberalisms*. London : Routledge.（山本貴之訳『自由主義論』ミネルヴァ書房、2001年）

Gray, J.（1995）. *Liberalism*（2nd ed.）. Buckingham : Open University Press.（輪島達郎・藤原保信訳『自由主義』昭和堂、1991年）

Gray, J.（1996）. *Mill on Liberty : A Defence*（2nd ed.）. London : Routledge.

Halliday, R. J.（2007）. *John Stuart Mill*. London : Routledge.

Hart, H. L. A.（1983）. Utilitarianism and Natural Rights. *Essays in Jurisprudence and Philosophy*（pp.181-197）. Oxford : Clarendon Press.（小林公・森村進訳「功利主義と自然権」『権利・功利・自由』木鐸社、1987年、35-51頁）

Hayek, F. A. v.（1978）. *The Mirage of Social Justice*. Chicago : University of Chicago Press.（矢島鈞次監修、篠塚慎吾・西山千明訳『法と立法と自由 II』春秋社、2008年）

橋本憲幸（2018）『教育と他者──非対称性の倫理に向けて』春風社。

Heydt, C.（2006）. *Rethinking Mill's Ethics*. London : Continuum.

Himmelfarb, G.（1974）. *On Liberty and Liberalism*. New York : Knopf.

平井悠介（2017）『エイミー・ガットマンの教育理論──現代アメリカ教育哲学における平等論の変容』世織書房。

広田照幸・宮寺晃夫編（2014）『教育システムと社会──その理論的検討』世織書房。

Hollander, S.（1985）. *The Economics of John Stuart Mill*. Toronto : University of Toronto Press.

堀尾輝久（1971）『現代教育の思想と構造』岩波書店。

井上彰（2002）「平等主義と責任──資源平等論から制度的平等論へ」佐伯啓思・松原隆一郎編著『「新しい市場社会」の構想』新世社、275-333頁。

生澤繁樹（2019）『共同体による自己形成──教育と政治のプラグマティズムへ』春風社。

泉谷周三郎（1978）「J. S. ミルの正義論」『横浜国立大学人文紀要第一類　哲学・社会科学』24巻、39-56頁。

泉谷周三郎（1992）「ミルの功利主義における善と正」杉原四郎・山下重一・小泉仰責任編集『J. S. ミル研究』御茶の水書房、103-125頁。

Kahan, A. S.（1992）. *Aristocratic Liberalism : The Social and Political Thought of Jacob Burckhardt, John Stuart Mill, and Alexis De Tocqueville*. New York :

Oxford University Press.

Kahn, L. (Ed.) (2012). *Mill on Justice*. Hampshire : Palgrave Macmillan.

加納正雄（2001）「ジョン・スチュアート・ミルの教育論」『滋賀大学教育学部紀要
　　II　人文科学・社会科学』51巻、67-78頁。

樫本直樹（2018）『自己陶冶と公的討論──J. S. ミルが描いた市民社会』大阪大学
　　出版会。

柏經學（1992）「ミルの宗教三論」杉原四郎・山下重一・小泉仰責任編集『J. S. ミ
　　ル研究』御茶の水書房、169-202頁。

加藤尚武（1997）『現代倫理学入門』講談社。

川本隆史（1986）「功利と正義──J・S・ミル『功利主義』第五章をめぐって」小
　　倉志祥編『近代変革期の倫理思想』以文社、77-101頁。

川名雄一郎（2007）『社会体の生理学──J・S・ミルと商業社会の科学』京都大学
　　学術出版会。

菊川忠夫（1966）『J. S. ミル』清水書院。

Kitcher, P. (2011). Mill, Education, and the Good Life. In B. Eggleston, D. E. Mill-
　　er & D. Weinstein (Eds.), *John Stuart Mill and the Art of Life* (pp.192-211).
　　New York : Oxford University Press.

小林里次（1992）『J. S. ミル研究──平等財政原則とその理論的展開』高文堂出版
　　社。

児玉聡（2010）『功利と直観──英米倫理思想史入門』勁草書房。

児玉聡（2012）『功利主義入門』筑摩書房。

小玉重夫（1999）『教育改革と公共性──ボウルズ＝ギンタスからハンナ・アレン
　　トへ』東京大学出版会。

小玉重夫（2016）『教育政治学を拓く──18歳選挙権の時代を見すえて』勁草書房。

小泉仰（1988）『ミルの世界』講談社。

小泉仰（1997）『J. S. ミル』研究社出版。

児島博紀（2015）「ロールズのメリトクラシー批判──機会の平等論の転換に向け
　　て」『教育學研究』82巻1号、36-47頁。

小国喜弘（2012）「学校をめぐる共同と国民の教育権論」『近代教育フォーラム』21
　　号、103-114頁。

小松佳代子（2006）『社会統治と教育──ベンサムの教育思想』流通経済大学出版
　　会。

久保田顕二（1999）「J. S. ミルの功利主義に関する一考察」『小樽商科大学人文研
　　究』97輯、45-63頁。

Kurer, O. (1999). John Stuart Mill : Liberal or Utilitarian? *European Journal of the
　　History of Economic Thought, 6* (2), 200-215.

黒崎勲（1989）『教育と不平等——現代アメリカ教育制度研究』新曜社。

黒崎勲（1995）『現代日本の教育と能力主義——共通教育から新しい多様化へ』岩波書店。

Kymlicka, W. (2002). *Contemporary Political Philosophy* (2nd ed.). Oxford : Oxford University Press.（千葉眞・岡崎晴輝訳者代表『現代政治理論 [新版]』日本経済評論社、2005 年）

Levin, M. (2004). *J.S. Mill on Civilization and Barbarism.* London : Routledge.

Lyons, D. (1994). *Rights, Welfare, and Mill's Moral Theory.* New York : Oxford University Press.

前原正美（1998）『J. S. ミルの政治経済学』白桃書房。

馬上美知（2006）「ケイパビリティ・アプローチの可能性と課題——格差問題への新たな視点の検討として」『教育學研究』73 巻 4 号、420-430 頁。

丸山高司（1985）『人間科学の方法論争』勁草書房。

馬渡尚憲（1997）『J. S. ミルの経済学』御茶の水書房。

Miller, D. E. (2012). Mill's Division of Morality. In L. Kahn (Ed.), *Mill on Justice* (pp.70-89). Hampshire : Palgrave Macmillan.

宮寺晃夫（1997）『現代イギリス教育哲学の展開——多元的社会への教育』勁草書房。

宮寺晃夫（2000）『リベラリズムの教育哲学——多様性と選択』勁草書房。

宮寺晃夫（2006）『教育の分配論——公正な能力開発とは何か』勁草書房。

宮寺晃夫（2011）「「教育機会の平等」の復権——子どもの学校を親が決めてよいのか」宮寺晃夫編『教育機会の平等』岩波書店、273-302 頁。

宮寺晃夫（2014）『教育の正義論——平等・公共性・統合』勁草書房。

水野俊誠（2014）『J. S. ミルの幸福論——快楽主義の可能性』梓出版社。

水田珠枝（1984）『ミル「女性の解放」を読む』岩波書店。

森村進（2001）『自由はどこまで可能か』講談社。

Mulnix, M. J. (2009). Harm, Rights, and Liberty : Towards a Non-Normative Reading of Mill's Liberty Principle. *Journal of Moral Philosophy, 6* (2), 196-217.

村井実（1988）『新・教育学のすすめ——子どもの再発見』小学館。

長岡成夫（1989）「ミル——功利主義と正義」寺崎峻輔・塚崎智・塩出彰編『正義論の諸相』法律文化社、213-229 頁。

Nash, R. (2004). Equality of Educational Opportunity : In Defence of a Traditional Concept. *Educational Philosophy & Theory, 36* (4), 361-377.

Neff, E. E. (1926). *Carlyle and Mill : An Introduction to Victorian Thought.* New York : Columbia University Press.（石上良平訳『カーライルとミル——ヴィクトリア朝思想研究序説』未来社、1968 年）

174

仁平典宏（2009）「〈シティズンシップ／教育〉の欲望を汲みかえる――拡散する〈教育〉と空洞化する社会権」広田照幸編『自由への問い5―教育』岩波書店、173-202頁。

Norman, R. (1998). *The Moral Philosophers : An Introduction to Ethics* (2nd ed.). New York : Oxford University Press.（塚崎智・石崎嘉彦・樫則章監訳『道徳の哲学者たち――倫理学入門[第二版]』ナカニシヤ出版、2001年）

Nussbaum, M. (2005). Mill on Happiness : The Enduring Value of a Complex Critique. In B. Schultz & G. Varouxakis (Eds.), *Utilitarianism and Empire* (pp.107-124). Lanham, Md. : Lexington Books.

小渕朝男（1991）「ジョン・スチュアート・ミルの道徳思想――功利の原理の証明と人間本性をめぐって」『東京大学大学院教育学研究科教育学研究室紀要』17号、41-51頁。

小田川大典（2003）「J・S・ミルにおけるリベラリズムと共和主義」『政治思想研究』3号、29-45頁。

大江洋（2003）「子どもにおけるパターナリズム問題」『人文論究』72号、15-37頁。

岡田与好（1976）「自由放任主義と社会改革――「十九世紀行政改革」論争に寄せて」『社會科學研究』27巻4号、1-37頁。

岡田与好（1979）『自由経済の思想』東京大学出版会。

岡田与好（1982）「自由主義のもとでの宗教と国家」岡田与好編『現代国家の歴史的源流』東京大学出版会。

Okin, S. M. (1992). *Women in Western Political Thought.* Princeton, N.J. : Princeton University Press.（田林葉・重森臣広訳『政治思想のなかの女』晃洋書房、2010年）

大久保正健（1992）「J. S. ミルの教育思想――初期思想形成における哲学的基礎」杉原四郎・山下重一・小泉仰責任編集『J・S・ミル研究』御茶の水書房、125-146頁。

奥井現理（2003）「J. S. ミルの功利主義的教育思想――G．E．ムーアの「自然主義的誤謬」批判の検討に向けて」『教育思想』30号、81-93頁。

奥井現理（2004）「道徳的思考の能力を形成するという教育の使命――J. S. ミル『論理学体系』を手がかりに」『教育思想』31号、93-108頁。

奥井現理（2005）「道徳教育における自由意志の位置付け――J. S. ミル「自由と必然」考察を手がかりに」『教育思想』32号、87-99頁。

奥井現理（2006）「J. S. ミル『功利主義論』における公共の福祉を求める心情の形成」『教育思想』33号、31-43頁。

奥井現理（2007）「J. S. ミルの人間本性論における道徳的能力の形成――カント『人間学』の「素質」概念を手がかりに」『教育思想』34号、59-73頁。

奥井現理（2011）「J. S. ミルの『宗教三論』における人間形成論」『教育思想』38号、57-75頁。

太田明（1995）「教育におけるパタ-ナリズムの問題（1）」『愛知大学文学論叢』108輯、1-20頁。

乙部延剛（2017）「対抗する諸政治哲学――分析的政治哲学と大陸的政治哲学を中心に」『ニュクス』4号、192-207頁。

Packe, M. S. J. (1954). *The Life of John Stuart Mill.* London : Secker and Warburg.

Parry, G. (1999). Constructive and Reconstructive Political Education. *Oxford Review of Education, 25* (1), 23-38.

Plamenatz, J. P. (1958). *The English Utilitarians* (2nd, rev ed.). Oxford : Blackwell.（堀田彰・泉谷周三郎・石川裕之・永松健生訳『イギリスの功利主義者たち――イギリス社会・政治・道徳思想史』福村出版、1974年）

Raeder, L. C. (2002). *John Stuart Mill and the Religion of Humanity.* Columbia : University of Missouri Press.

Rawls, J. (1996). *Political Liberalism.* New York : Columbia University Press.

Rawls, J. (1999). *A Theory of Justice* (Rev. ed.). Cambridge, Mass. : Belknap Press of Harvard University Press.（川本隆史・福間聡・神島裕子訳『正義論［改訂版］』紀伊國屋書店、2010年）

Rawls, J. (2001). E. Kelly (Ed.), *Justice as Fairness : A Restatement.* Cambridge, Mass. : Harvard University Press.（田中成明・亀本洋・平井亮輔訳『公正としての正義　再説』岩波書店、2004年）

Rawls, J. (2007). S. R. Freeman (Ed.), *Lectures on the History of Political Philosophy.* Cambridge, Mass. : Belknap Press of Harvard University Press.（齊藤純一・佐藤正志・山岡龍一・谷澤正嗣・高山裕二・小田川大典訳『ロールズ政治哲学史講義Ⅱ』岩波書店、2020年）

Rees, J. C., & Williams, G. (1985). *John Stuart Mill's on Liberty.* New York : Oxford University Press.

Riley, J. (1988). *Liberal Utilitarianism : Social Choice Theory and J.S. Mill's Philosophy.* Cambridge : Cambridge University Press.

Riley, J. (1998a). Mill on Justice. In D. Boucher, & P.J. Kelly (Eds.), *Social Justice : From Hume to Walzer* (pp.45-66). New York : Routledge.（渡辺幹雄訳「ミル――正義について」D.バウチャー・P. ケリー編『社会正義論の系譜――ヒュームからウォルツァーまで』ナカニシヤ出版、2002年、61-89頁）

Riley, J. (1998b). *Mill on Liberty.* London : Routledge.

Rorty, R. (1989). *Contingency, Irony, and Solidarity.* Cambridge : Cambridge University Press.（齋藤純一・山岡龍一・大川正彦訳『偶然性・アイロニー・連帯──リベラル・ユートピアの可能性』岩波書店、2000年）

Ryan, A. (1987). *The Philosophy of John Stuart Mill* (2nd ed.). Basingstoke : Macmillan.

サン‐シモン, H. (1987)『サン‐シモン著作集第二巻』森博訳、恒星社厚生閣。

Sandel, M. J. (2009). *Justice.* New York : Farrar, Straus and Giroux.（鬼澤忍訳『これからの「正義」の話をしよう──いまを生き延びるための哲学』早川書房、2010年）

Scanlon, T. M. (1975). Preference and Urgency, *The Journal of Philosophy, 72,* 655-669.

Schultz B., Varouxakis G. (Eds.) (2005). *Utilitarianism and Empire.* Lanham, Md. : Lexington Books.

関口正司 (1989)『自由と陶冶──J. S. ミルとマス・デモクラシー』みすず書房。

Sell, A. P.F. (Ed.) (1997). *Mill and Religion.* Bristol : Thoemmes.

Sen, A. K. (1982). *Choice, Welfare and Measurement.* Cambridge, Mass : Harvard University Press.（大庭健・川本隆史訳『合理的な愚か者──経済学＝倫理学的探究』勁草書房、1989年）

Sen, A. K. (1995). *Inequality Reexamined.* Cambridge, Massachusetts : Harvard University Press.（池本幸生・野上裕生・佐藤仁訳『不平等の再検討──潜在能力と自由』岩波書店、2018年）

下條慎一 (2013)『J. S. ミルの市民論』中央大学出版部。

四野宮三郎 (1997)『J. S. ミル思想の展開Ⅰ──二十一世紀へのメッセージ』御茶の水書房。

四野宮三郎 (1998)『J. S. ミル思想の展開Ⅱ──土地倫理と土地改革』御茶の水書房。

四野宮三郎 (2002)『J. S. ミル思想の展開Ⅲ──社会体制の継起性と過渡形態論』御茶の水書房。

塩尻公明 (1948)『J・S・ミルの教育論』同学社。

Skorupski, J. (1989). *John Stuart Mill.* London : Routledge.

Skorupski, J. (2007). *Why Read Mill Today?* London : Routledge.

Smith, G. W. (1991). Social Liberty and Free Agency : Some Ambiguities in Mill's Conception of Freedom. In J. Gray, & G. W. Smith (Eds.), *J.S. Mill, on Liberty in Focus* (pp.239-259). London : Routledge.（泉谷周三郎訳「社会的自由と自由な行為者──ミルの自由概念における若干の曖昧さについて」J. グレイ・G. W. スミス編著『ミル『自由論』再読』木鐸社、2000年、161-186頁）

Stafford, W. (1998). *John Stuart Mill.* Basingstoke : Macmillan.

末冨芳（2010）『教育費の政治経済学』勁草書房。

杉原四郎（1980）『J. S. ミルと現代』岩波書店。

Sumner, L. W.（2006）. Mill's Theory of Rights. In H. R. West（Ed.）, *The Blackwell Guide to Mill's Utilitarianism*（pp.184-198）. Malden : Blackwell.

鈴木真（1998）「J. S. ミルにおける諸個人の発展の概念とその功利主義的根拠」『実践哲学研究』21号、23-48頁。

Swift, A.（2006）. *Political Philosophy*（2nd ed.）. Cambridge : Polity.（有賀誠・武藤功訳『政治哲学への招待』風行社、2011年）

田口仁久（1972）「J. S. ミルの感情教育論」『教育哲学研究』25号、35-49頁。

髙宮正貴（2007a）「J. S. ミルの自由主義の基礎——決定論と自由の問題」『上智教育学研究』21号、48-59頁。

髙宮正貴（2007b）「J・S・ミルにおける功利主義と教育思想の関係」『教育哲学研究』95号、51-70頁。

髙宮正貴（2008a）「J. S. ミルの功利主義は自由主義を正当化しうるか——快楽の質と美学の議論から」『関東教育学会紀要』35号、89-100頁。

髙宮正貴（2008b）「J. S. ミルの発達観と教育の正義論」『上智大学教育学論集』43号、83-95頁。

髙宮正貴（2010）「J. S. ミルにおける美学と美的教育の位置づけ」『上智教育学研究』24号、21-39頁。

髙宮正貴（2012）「J. S. ミルの功利主義による教育の正当化——「生の技術」の三部門からの考察」『教育哲学研究』106号、2-18頁。

髙宮正貴（2014）「J. S. ミルにおける機会の平等と教育——分配的正義からの考察」『大阪体育大学健康福祉学部研究紀要』11巻、21-34頁。

髙宮正貴（2019）「教育における分配的正義の諸理論とその問題」『大阪体育大学教育学研究』3巻、1-24頁。

髙宮正貴・児島博紀・橋本憲幸・平井悠介・玉手慎太郎（2020）「教育における分配的正義論の可能性」『教育哲学研究』121号、147-152頁。

高島光郎（1988）「J. S. ミルとインド原住民教育——東インド会社勤務の一齣」『エコノミア』99号、7-24頁。

竹熊耕一（1996）「人間形成と教養——ニューマンとJ. S. ミルの自由教育論から」岡田渥美編『人間形成論』玉川大学出版部、159-176頁。

田村哲樹（2014）「政治／政治的なるものの政治理論」『政治理論とは何か』風行社。

Taylor, C.（1992）. *The Ethics of Authenticity*. Cambridge, Mass. : Harvard University Press.（田中智彦訳『「ほんもの」という倫理——近代とその不安』産業図書、2004年）

Taylor, C.（1994）. The Politics of Recognition. In A. Gutmann（Ed.）, *Multicultur-*

alism (pp.25–73). Princeton, N.J. : Princeton University Press. (佐々木毅・辻康夫・向山恭一訳「承認をめぐる政治」A. ガットマン編『マルチカルチュラリズム』岩波書店、1996年、37–110頁)

Ten, C. L. (1980). *Mill on Liberty*. Oxford : Clarendon Press.

寺崎弘昭 (1998)「ミル――父と子の葛藤と自立の教育学」宮澤康人編著『近代の教育思想』放送大学教育振興会、125–137頁。

Thomas, W. (1985). *Mill*. New York : Oxford University Press. (安川隆司・杉山忠平訳『J. S. ミル』雄松堂出版、1987年)

苫野一徳 (2011)『どのような教育が「よい」教育か』講談社。

内井惣七 (1988)『自由の法則　利害の論理』ミネルヴァ書房。

卯月由佳 (2009)「教育の公共性と準市場――多様な個人のために機会を創造すること」広田照幸編『自由への問い5―教育』岩波書店、21–51頁。

Urmson, J. O. (1968). The Interpretation of the Moral Philosophy of J. S. Mill. In J. B. Schneewind (Ed.), *Mill : A Collection of Critical Essays* (pp.179–189). Garden City : Doubleday and Co., Inc.

Varouxakis, G. (2002). *Mill on Nationality*. London : Routledge.

Varouxakis, G., & Kelly P.J. (Eds.) (2010). *John Stuart Mill-Thought and Influence*. London : Routledge.

若松良樹 (2003)『センの正義論』勁草書房。

Weinstein, D. (2011). Interpreting Mill. In B. Eggleston, D. E. Miller & D. Weinstein (Eds.), *John Stuart Mill and the Art of Life* (pp.44–70). New York : Oxford University Press.

West, E. G. (1964). Private versus Public Education : A Classical Economic Dispute. *Journal of Political Economy, 72* (5), 465–475.

West, H. R. (2004). *An Introduction to Mill's Utilitarian Ethics*. Cambridge : Cambridge University Press.

West, H. R. (Ed.) (2006). *The Blackwell Guide to Mill's Utilitarianism*. Malden : Blackwell.

West, H. R. (2007). *Mill's Utilitarianism*. London ; New York : Continuum.

Willey, B. (1949). *Nineteenth-Century Studies*. London : Chatto & Windus. (米田一彦・松本啓・諏訪部仁・上坪正徳・川口鉱明共訳『十九世紀イギリス思想』みすず書房、1985年)

Williams, B. A. O. (1995). *Making Sense of Humanity, and Other Philosophical Papers, 1982-1993*. Cambridge : Cambridge University Press.

Williams, R. (1963). Culture and Society 1780–1950. Harmondsworth, Middlesex : Penguin Books. (若松繁信・長谷川光昭訳『文化と社会』ミネルヴァ書房、

2008年）

Wollheim, R. (1991). John Stuart Mill and Isaiah Berlin : The Ends of Life and the Preliminaries of Morality. In John Gray, & G.W. Smith (Eds.), *J.S. Mill, on Liberty in Focus* (pp.260–277). London : Routledge.（大久保正健訳「J. S. ミルとアイザイア・バーリン――生活の諸目的と道徳を準備するもの」J. グレイ・G. W. スミス編著『ミル『自由論』再読』木鐸社、2000年、187–207頁）

矢島杜夫（1993）『ミル『論理学体系』の形成』木鐸社。

矢島杜夫（2001）『ミル『自由論』の形成』御茶の水書房。

矢島杜夫（2006）『ミルの『自由論』とロマン主義――J. S. ミルとその周辺』御茶の水書房。

安井俊一（2014）『J. S. ミルの社会主義論――体制論の倫理と科学』御茶の水書房。

山岸賢一郎（2010）「自律を目指す教育が内包する、あるレトリックについて――満足した奴隷のパラドクスをめぐる議論から」『教育哲学研究』102号、79–98頁。

山本圭一郎（2005）「ミルの功利主義における正の理論――功利主義の諸形態を巡る議論から」『倫理学研究』35巻、79–90頁。

山下重一（1971）『J. S. ミルの思想形成』小峯書店。

山下重一（1976）『J. S. ミルの政治思想』木鐸社。

山下重一（1998）『J. S. ミルとジャマイカ事件』御茶の水書房。

索　引

●ミル、功利主義、最大幸福、自由（主義）などの頻出する語句は項目から除いている。

【ア行】

アリストテレス（Aristotle）　118
アンダーソン（E. Anderson）　144
泉谷周三郎　120
ウォルヘイム（R. Wollheim）　45, 56
ウェスト（H. R. West）　53
エリオット（J. E. Elliott）　119
乙部延剛　8, 9
　　　＊
オウエン主義者　112-3, 150

【カ行】

ガーフォース（F. W. Garforth）　20-2
カーライル（T. Carlyle）　17
キムリッカ（W. Kymlicka）　129-30
クラーク（B. S. Clark）　119
グレイ（J. Gray）　29
下司晶　5-6, 11
小玉重夫　3-4, 7, 9
コント（A. Comte）　18, 28, 32, 44, 76,
　　101, 108
　　　＊
快楽説　29-30
外的制裁（external sanction）　46, 99, 111,
　　123
観照（contemplation）　83, 91, 94-5, 100,
　　131, 149
完全性（完成）（perfection）　50, 81-3,
　　93-4, 97, 100, 149

機会の平等　13-5, 115, 117, 127, 137, 142-
　　3, 145, 152, 154-5
帰結主義　29-30, 98-9
規則功利主義　69, 71-2, 74-5, 148
共感（sympathy）　90, 96, 101, 121
教示（instruction）　38-41, 43, 47, 80, 132,
　　134, 147-8
決定論　19, 105, 107-9, 112-3, 115, 150-1
行為功利主義　69, 72-4, 147-8
高次の快楽　23, 47, 50-7, 63, 67, 140-1,
　　148
功績（desert）　25, 75, 118-20, 126-7, 130-
　　1, 133-4, 138-9, 143, 145, 151, 153
衡平（equity）　25, 118-20, 126-7, 134-5,
　　137-9, 142-3, 145, 151, 153-4
個性（individuality）　21, 28, 38-9, 43, 47,
　　50, 68, 79, 87, 117, 131-3, 139, 154
鼓舞（inspiration）　83, 84, 96, 100-2, 150

【サ行】

サムナー（L. W. Sumner）　73
サン＝シモン（H. Saint-Simon）　17-8,
　　108
塩尻公明　10, 20-22
スカラプスキー（J. Skorupski）　57, 130
スペンサー（H. Spencer）　40
スミス（G.W. Smith）　63
セン（A. Sen）　9, 14, 128, 130, 151, 155
　　　＊
自己教育（self-education）　24, 82, 99, 150

182

自己発達（self-development）　24, 50-1, 63, 79-80, 83, 132-3, 140, 142, 149-50, 153

詩的教養（poetic culture）　89-90, 93

自分のことに関わる（self-regarding）　36, 38-9, 41, 43, 49, 62

自由原理（危害原理）　12, 28-9, 32, 35-8, 41-2, 47, 49-50, 63, 67-9, 76, 82-4, 88, 100-2, 106, 114, 137, 141, 147-50, 152-3

制裁（sanction）　34, 75, 101, 110

生の技術（Art of Life）　21-2, 24, 49, 55, 63, 68-70, 72, 74, 80, 87-8, 97, 115, 148-9, 152-3

説得（persuasion）　28, 32, 34-6, 38, 62-3, 76, 83-4, 141-2, 146, 150

想像力（imagination）　52, 57, 71, 79, 95-6, 98, 101

総和主義　29-30

【タ行】

田村哲樹　7, 9

テイラー（C. Taylor）　41

テイラー（H. Taylor Mill）　18-9

デューイ（J. Dewey）　59-60

ドナー（W. Donner）　52-3

＊

徳（virtue）　31, 34, 44, 56, 60, 98, 118

【ナ行】

内的制裁（internal sanction）　46, 75, 110-1

二次的原理（secondary principles）　23, 28-9, 31-2, 35, 37-8, 41, 72, 81, 115, 128, 147

【ハ行】

ハイエク（F. A. v. Hayek）　118, 155

バーガー（F. R. Berger）　18, 119

バーリン（I. Berlin）　49, 106

プラトン（Plato）　17, 94

プラムナッツ（J. Plamenatz）　41

ベンサム（J. Bentham）　16-8, 20, 31-2, 42, 49, 55, 82, 89, 94, 99, 110, 122

ホランダー（S. Hollander）　117

堀尾輝久　5-6, 12

＊

罰（刑罰）（punishment）　34-5, 75, 102, 118

不偏（impartiality）　25, 29-30, 79, 119-20, 125-8, 130, 137-8, 151, 153

【マ行】

馬渡尚憲　119, 122, 126

宮寺晃夫　3-4, 7, 9

ミラー（D. E. Miller）　123

ミル（J. Mill）　16-7, 20, 89, 110

【ラ行】

ライアン（A. Ryan）　21-2, 49-50, 68-9, 71, 109, 152

ロールズ（J. Rawls）　7-8, 14, 58, 118-9, 128, 132, 138, 143-5, 151, 155-6

＊

利他主義（altruism）　43-5, 64, 97

リバタリアニズム　11-2, 15

【ワ行】

ワーズワース（W. Wordsworth）　89, 92-4

あとがき

　本書は、2014年に上智大学に提出した博士論文「J. S. ミルの功利主義による教育の正当化——教育における自由と正義」をもとに、諸先生方から賜ったご指導を踏まえてその後書き改めたものである。出版に際して、表題を『J. S. ミルの教育思想——自由と平等はいかに両立するのか』に改めた。

　本書の内容は、以下の論考をもとにしている。ただし、刊行に際して大幅に加筆・修正をしている。序章と終章は書下しである。

「J・S・ミルにおける功利主義と教育思想の関係」教育哲学会『教育哲学研究』第95号、2007年（本書第1章）

「J. S. ミルの功利主義は自由主義を正当化しうるか——快楽の質と美学の議論から」関東教育学会『関東教育学会紀要』第35号、2008年（本書第2章）

「J・S・ミルの功利主義による教育の正当化——「生の技術」の三部門からの考察」教育哲学会『教育哲学研究』第106号、2012年（本書第3章）

「J. S. ミルにおける美学と美的教育の位置づけ」上智大学教育学研究会『上智教育学研究』第23号、2011年（本書第4章）

「J. S. ミルの自由主義の基礎——決定論と自由の問題」上智大学教育学研究会『上智教育学研究』第21号、2008年（本書第5章）

「J. S. ミルの発達観と教育の正義論」上智大学教育学科『上智大学教育学論集』第43号、2009年（本書第6章第2節、第3節）。

「J. S. ミルにおける機会の平等と教育——分配的正義からの考察」大阪体育大学健康福祉学部『大阪体育大学健康福祉学部研究紀要』第11巻、2014年（本書第6章第1節、第3節、第4節）。

「教育における分配的正義の諸理論とその問題」大阪体育大学教育学部『大阪体育大学教育学研究』第3巻、2019年（本書第6章第3節）。

　本書の刊行にあたっては、多くの方々のご指導、ご助言をえることができた。

　とりわけ博士論文の執筆と審査にあたってお世話いただいた、主査の加藤守通先生をはじめ、副査の高祖敏明先生、奈須正裕先生、宮寺晃夫先生に厚くお礼を申し上げたい。加藤先生には、日ごろのご指導だけでなく、上智大学で開催された勉強会などでご指導いただいたほか、Asian Link of Philosophy of Education（ALPE）等の国際学会への参加を促してくださり、加藤先生のおかげで海外に目を向けることができたほか、語学力の重要性を痛感した。

　博士論文の副査を引き受けたくださった宮寺晃夫先生は、大学院在籍時に筑波大学での研究会にお誘いいただいたほか、広田照幸先生を研究代表者とする科学研究費のプロジェクトにも招き入れてくださり、日々貴重なご指導をいただいた。それだけでなく、本書は宮寺先生のご著書から非常に大きな示唆を受けており、宮寺先生のご研究がなければ本書は成立しえなかったと言えるほどである。

　増渕幸男先生には大学三年生から11年間も上智大学でお世話になった。増渕先生との出会いがなければ、私が研究者の道をめざすことはなかった。大学院博士前期課程入学時にはヴァルター・ベンヤミンの教育思想で論文を書くと申し上げたにもかかわらず、増渕先生は、研究対象を（先生の嫌いな英米哲学の）ミルに変えることをお許しくださり、これまで温かくも厳しく導いてくださった。「毎日少しでも研究を進めよ」、「毎年必ず紀要に載せよ」というご指導がなければ、本書は生まれなかったであろう。就職してからも、先生はお会いするたびに本書の出版を促してくださった。本書を完成させることができて、やっと先生との約束を果たせたとの思いである。

　また、本書は、政治哲学と教育哲学を交差させようとする試みであるが、そうしたアプローチを探るにあたっては、生澤繁樹さん、平井悠介さん、苫野一徳さんといった先達から多くを学ばせていただいた。ここで全員のお名前をあげることはできないが、関連諸学会でお世話になった数多くの先生方や、ともに切磋琢磨してきた研究仲間にも御礼を申し上げたい。

　本書の刊行に際しては、世織書房の伊藤晶宣さんが出版を快く引き受けてくださり、世織書房のみなさんに多くのご支援をいただいた。伊藤さんのユーモアにはたくさん助けていただいた。深く感謝申し上げる。

　最後に、長い学生生活を見守ってくれた両親と弟、いつも気にかけてくれた亡くなった祖母、本書の執筆を応援してくれた妻の郁、まだ言葉が話せないながらも、執筆時のストレスをその純真さで癒してくれた息子の嘉貴に感謝したい。

　なお、本書は独立行政法人日本学術振興会令和2（2020）年度科学研究費助成事業研究成果公開促進費（学術図書）（20HP5203）の補助金の交付を受けて刊行されるものである。

　　2020年11月5日

　　　　　　　　　　　　　　　　　　　　　　　　髙宮正貴

〈著者プロフィール〉
髙宮正貴（たかみや・まさき）
1980年生まれ。上智大学大学院総合人間科学研究科教育学専攻博士後期課程修了。現在、大阪体育大学教育学部准教授。専門は教育哲学、道徳教育学。博士（教育学）。
主な著書に、『価値観を広げる道徳授業づくり——教材の価値分析で発問力を高める』（北大路書房、2020年）、主な論文に「教育における分配的正義の諸理論とその問題」（『大阪体育大学教育学研究紀要』第3巻、2019年）、「J. S. ミルの功利主義による教育の正当化——「生の技術」の三部門からの考察」『教育哲学研究』第106号、2012年）などがある。

J. S. ミルの教育思想
——自由と平等はいかに両立するのか

2021年2月18日　第1刷発行 ©

著　者	髙宮正貴
装幀者	M. 冠着
発行者	伊藤晶宣
発行所	（株）世織書房
印刷所	新灯印刷（株）
製本所	協栄製本（株）

〒220-0042　神奈川県横浜市西区戸部町7丁目240番地　文教堂ビル
電話 045-317-3176　振替 00250-2-18694

教育研究の新章 ニュー・チャプター【教育学年報11】

下司　晶・丸山英樹・青木栄一・濱中淳子・仁平典宏・
石井英真・岩下　誠＝編　　　　　　　　　　　　5000円

エイミー・ガットマンの教育理論 ● 現代アメリカ教育哲学における平等論の変容
平井悠介　　　　　　　　　　　　　　　　　　　3400円

都市に誕生した保育の系譜 ● アソシエーショニズムと郊外のユートピア
福元真由美　　　　　　　　　　　　　　　　　　3500円

教育メディア空間の言説実践 ● 明治後期から昭和初期までの教育問題の構成
岩田一正　　　　　　　　　　　　　　　　　　　3500円

自然愛をめぐる教育の近代日本 ● 自然観の創出と変容の一系譜
林　潤平　　　　　　　　　　　　　　　　　　　3500円

骨相学 ● 能力人間学のアルケオロジー
平野　亮　　　　　　　　　　　　　　　　　　　3200円

〈価格は税別〉

世織書房